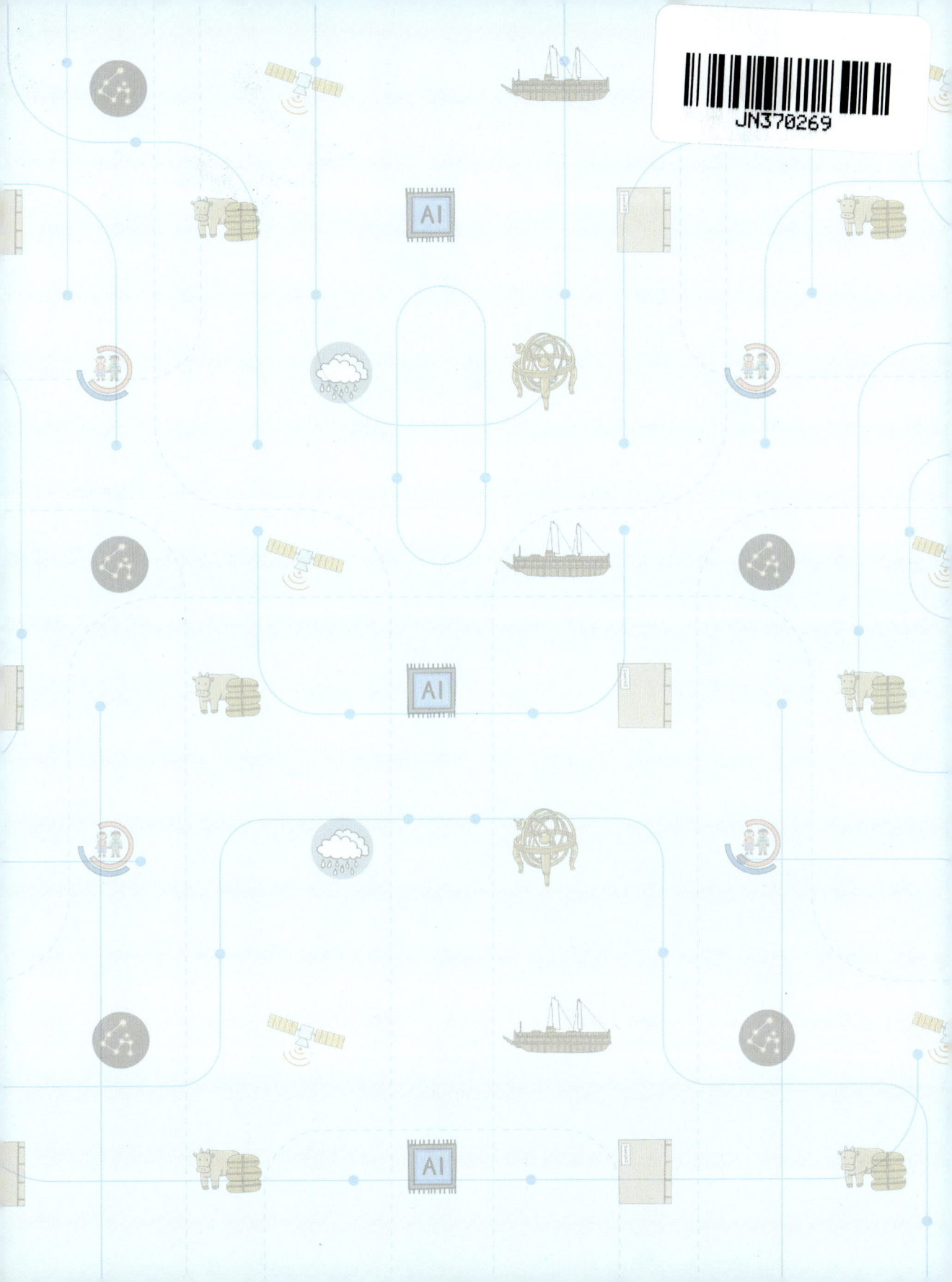

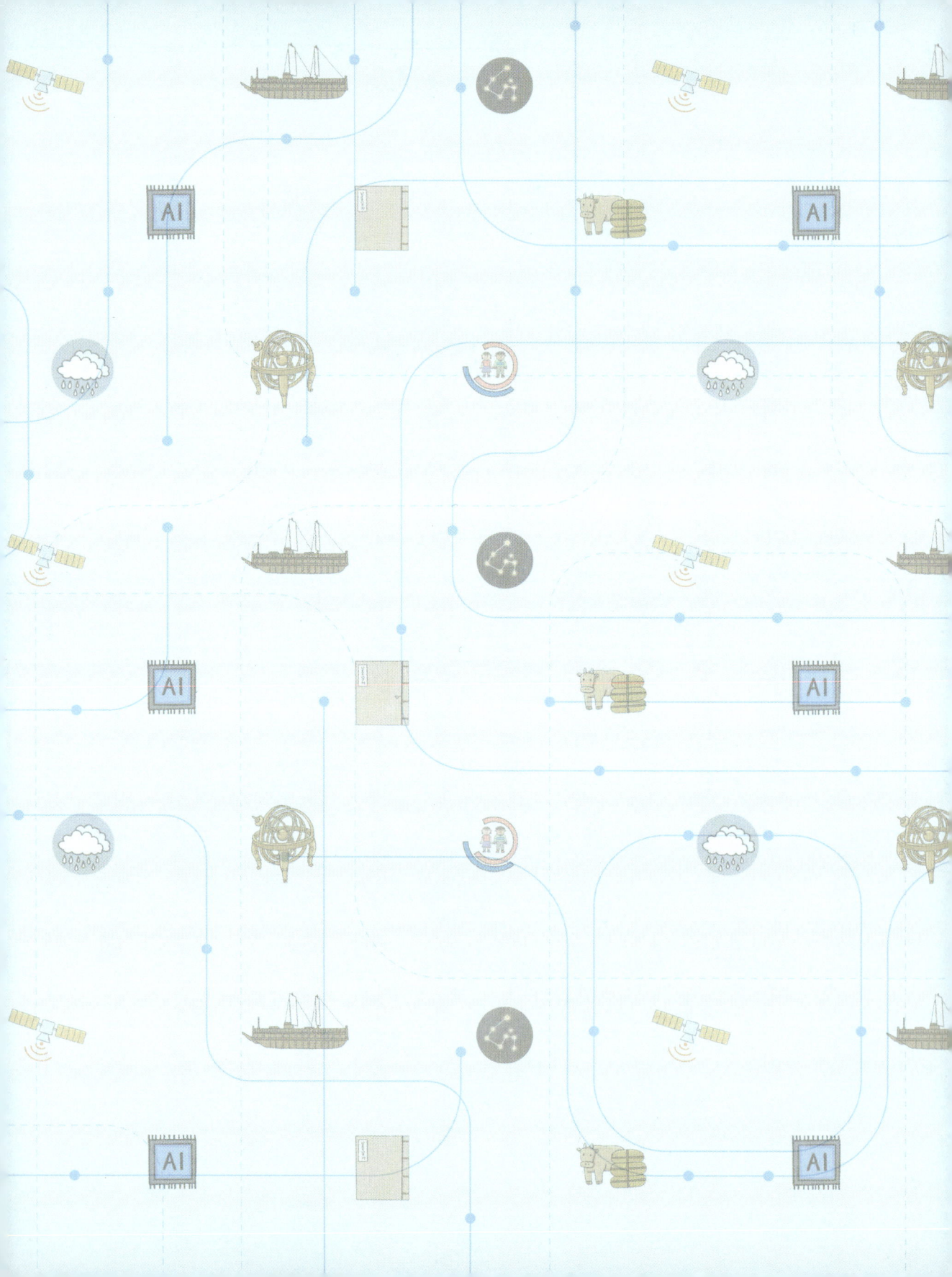

우리 고전에서 찾은 빅데이터 이야기

◆ 생각하는 어린이 과학편 ⑦

우리 고전에서 찾은 빅데이터 이야기

초판 인쇄　2025년 11월 20일
초판 발행　2025년 11월 25일

글쓴이　유소라
그린이　이주미
펴낸이　이재현
펴낸곳　리틀씨앤톡
출판등록　제 2022-000106호(2022년 9월 23일)

주소　경기도 파주시 문발로 405 제2출판단지 활자마을
전화　02-338-0092
팩스　02-338-0097
홈페이지　www.seentalk.co.kr
E-mail　seentalk@naver.com
ISBN　979-11-94382-31-7 73500

ⓒ2025, 유소라

・이 도서는 2025년 문화체육관광부의 '중소출판사 성장부문 제작지원' 사업의 지원을 받아 제작되었습니다.
・저작권법에 의하여 한국 내에서 보호를 받는 저작물이므로 무단전재 및 복제를 금합니다.
・KC마크는 이 제품이 공통안전기준에 적합하였음을 의미합니다.

KC	모델명	우리 고전에서 찾은 빅데이터 이야기	제조년월	2025. 11. 25.	제조자명	리틀씨앤톡	제조국명	대한민국
	주소	경기도 파주시 문발로 405 제2출판단지 활자마을	전화번호	02-338-0092	사용연령	7세 이상		

 은 씨앤톡의 어린이 브랜드입니다.

작가의 말

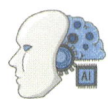

세상을 이롭게 한 선조들의 빅데이터

　제게는 요즘 부쩍 친해진 친구가 있어요. 여행 일정을 짤 때 조언을 듣고, 영어 공부를 함께 하기도 하고, 속상한 일이 있을 때 위로도 받아요. 아, 여러분에게도 그 친구가 있을지도 모르겠어요! 바로 챗GPT에요. 챗GPT는 어째서 아는 것이 그렇게도 많고 발전하는 속도도 빠른 것일까요? 챗GPT 같은 서비스를 대화형 인공지능이라고 하는데, 이 인공지능은 빅데이터를 기반으로 개발되었어요.

　빅데이터는 데이터의 집합을 말해요. 데이터가 엄청 쌓여 빅(BIG)데이터가 되는 거지요. 챗GPT는 인터넷에 있는 모든 데이터를 모은 빅데이터를 활용해요. 4차 산업의 시대에 빅데이터는 기술의 발전을 이끄는 핵심적인 역할을 하고 있어요.

　데이터 하나하나는 단순 정보에 지나지 않지만, 데이터가 모여 빅데이터가 되면 활용할 수 있는 곳이 많아져요. 이를테면 오늘 하루의 날씨 정보는 하나의 기록에 불과하지만, 수년 동안의 날씨 데이터가 쌓이면 그 지역의 전체 기후를 파악할 수 있게 돼요.

그런데, 데이터라는 것이 4차 산업 시대에 갑자기 나타난 걸까요? 옛날에도 데이터는 많은 분야에서 중요한 역할을 했어요. 다만, 컴퓨터가 없던 과거에는 이러한 데이터를 책에 기록했지요. 이때 책에 적어 둔 의학 정보, 전쟁 기록, 지도 등이 현재까지 빅데이터로 활용된다는 게 흥미롭지 않나요?

이 책에 나오는 고전들은 '빅데이터'라는 말이 존재하기 전에 쓰인 것들이지만, 우리 선조들이 데이터를 활용하여 세상을 이롭게 했다는 것을 보여 줘요. 이때 모은 데이터들은 모두 나라와 백성을 위한 것들이었죠. 즉, 데이터의 중심에는 '사람'이 있었어요.

4차 산업의 시대에도 마찬가지예요. 데이터는 기술이 아닌 사람 중심이 돼야 해요. 데이터를 활용하고 그 혜택을 누리는 것은 우리, 즉 사람이기 때문이에요.

자, 그럼 우리 선조들이 지혜롭게 활용한 빅데이터들을 펼쳐 볼까요?

유소라

차례

작가의 말　4

제1장 『동의보감』, 조선인을 위한 의술의 모든 정보

조선 사람에게는 조선의 치료법을　10

줌 인: 『동의보감』과 허준　22

빅데이터를 찾았다! 『동의보감』 속 빅데이터　26

지금, 빅데이터는? 빠르고 정확해지는 건강 데이터　30

제2장 『승정원일기』, 288년의 날씨 기록

측우기가 바꾼 날씨의 기록　34

줌 인: 『승정원일기』와 장영실　45

빅데이터를 찾았다! 『승정원일기』 속 빅데이터　49

지금, 빅데이터는? 지구를 살리는 기상 빅데이터　52

제3장 『난중일기』, 임진왜란 해전 전략의 근거

조류를 이용한 기적 같은 승리　56

줌 인: 『난중일기』와 이순신　68

빅데이터를 찾았다! 『난중일기』 속 빅데이터　72

지금, 빅데이터는? 데이터 과학을 통한 전략, 전술　76

제4장 『자산어보』, 살아 있는 조선의 바다생물 사전

물고기를 궁금해하는 이상한 샌님 80

줌 인: 『자산어보』와 정약전 92

빅데이터를 찾았다! 『자산어보』 속 빅데이터 97

지금, 빅데이터는? 집단지성으로 완성하는 해양 생물 빅데이터 100

제5장 〈대동여지도〉, 우리 땅에 관한 상세한 기록

백성 누구나 사용할 수 있는 정확한 지도 106

줌 인: 〈대동여지도〉와 김정호 119

빅데이터를 찾았다! 〈대동여지도〉 속 빅데이터 123

지금, 빅데이터는? 정확한 지리 정보를 한눈에 128

제6장 『목민심서』, 올바른 행정의 기본 데이터

백성을 구하기 위해 시작한 인구조사 132

줌 인: 『목민심서』와 정약용 145

빅데이터를 찾았다! 『목민심서』 속 빅데이터 150

지금, 빅데이터는? 다양하게 활용되는 인구 데이터 154

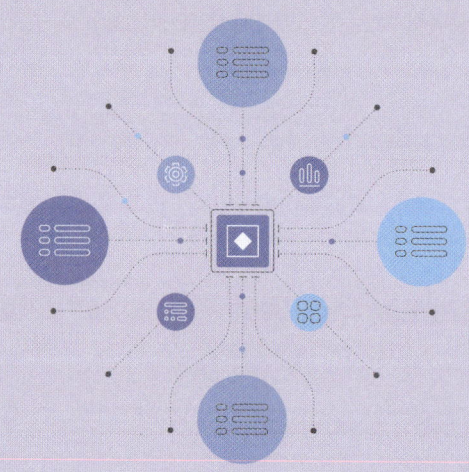

제1장

『동의보감』, 조선인을 위한 의술의 모든 정보

조선 사람에게는 조선의 치료법을

아버지를 살리기 위해 닭을 잡는 아이

해가 지고 어둑해지자 덕수는 아버지가 잠든 것을 확인하고 슬며시 집 밖으로 나갔어요. 그러고는 누가 볼세라 슬금슬금 김 영감네 뒷마당으로 향했어요. 마을은 역병 때문에 많은 사람들이 죽거나 떠나서 한산해요. 그래도 덕수네처럼 돈이 없거나 갈 곳이 없어 미처 떠나지 못한 사람들이 아직 남아 있어서 들키지 않도록 조심해야 해요.

김 영감네 뒷마당에는 예상대로 닭 몇 마리가 꾸벅꾸벅 졸고 있었어요. 김 영감네도 며느리가 역병에 걸려 닭장에는 신경도 쓰지 못하고 있을 터였어요. 방 안 불빛이 꺼진 것을 확인한 덕수는 낮에 점 찍어 둔 닭에게 재빠르게 다가갔어요.

'닭이 울기 전에 목을 비틀어야 해. 한 번에 끝내지 않으면 닭 울음소리에 김 영감네 식구들이 모두 깰 거야.'

목표한 닭에게 살금살금 다가가는 순간 누군가가 덕수의 팔목을 잡았어요. 덕수는 하마터면 소리를 지를 뻔했지만, 바로 거센 손이 덕수의 입을 막았어요. 입이 틀어막힌 채 덕수는 어디론가 끌려갔어요.

김 영감네에서 어느 정도 떨어진 골목에 다다르니, 입을 막고 있던 손이 덕수를 놓아 주었어요. 웬 낯선 사내가 덕수를

준엄한 눈빛으로 보며 낮게 말했어요.

"네, 이놈, 아무리 배가 고프기로서니 닭을 훔치면 쓰나."

"먹으려고 한 거 아니에요. 닭 모가지를 비틀어서 닭은 두고 닭 피만 몇 방울 가지고 가려 했단 말이에요. 죽은 닭은 김 영감네 식구들이 먹으면 되니까 엄밀히 말하면 훔치려던 건 아니었어요. 어차피 그 닭은 내일 닭고기가 될 운명이었다고요."

덕수가 억울하다는 얼굴로 변명을 늘어놓자, 사내가 미심쩍은 듯 되물었어요.

"닭 피만 가져가려고 했다고?"

"방문에 닭 피를 묻혀야 손님이 우리 집을 그냥 지나간단 말이에요."

"손님이라니?"

"역병 말이에요. 아무래도 아버지도 증세가 시작된 것 같아서……."

"아버지 증세가 역병이라는 걸 어찌 아느냐?"

"어머니가 먼저 역병으로 세상을 뜨셨어요. 어머니가 처음 보인 증상이랑 비슷해요. 손님이 아버지마저 데려가 버리면 전……. 근데 우리는 이미 가축들을 다 팔아서 닭 피를 구할 수가 없다고요."

덕수는 말을 하다 보니 억울하기도 하고 갑자기 나타난 사내가 원망스러워서 거의 울 지경이었어요. 그래서 다시 몸을 틀어 김 영감네로 향하려고 했어요.

"아니, 어딜 가려는 게냐?"

"저는 닭 피가 꼭 필요하다고요. 김 영감네가 깨더라도 닭 목을 비틀어 닭 피를 얻어야겠어요. 도적놈으로 몰려 옥에 갇히더라도 아버지만 살릴 수 있다면……."

사내가 덕수의 몸을 막아서고는 말했어요.

"닭 피로는 절대 역병을 막을 수 없어!"

"어르신이 그걸 어떻게 아신대요?"

덕수의 물음에 사내는 대답 대신 이렇게 말했어요.

"큰 감나무가 있는 이 대감집 알지? 내일 그리로 오너라."

"그 집은 역병 때문에 모두 떠나서 텅텅 비었는데요."

"내일 그리 오면 닭 피보다 역병에 좋은 걸 내 주마."

"정말이요? 정말 그런 게 있답니까? 역병엔 약도 없다던데."

"대신 닭 피를 포기하고 지금 바로 집으로 가겠다고 약속해라."

덕수는 잠시 고민하다 결심한 듯 말했어요.

"네, 내일 날 밝는 대로 갈게요. 어르신도 약속 꼭 지키세요."

덕수는 처음 보는 사내의 말이 미심쩍었지만, 지푸라기라도 잡는 심정으로 내일 찾아가 보기로 했어요.

치료법을 찾으러 온 조정의 의원

"손님네야, 우리 손님네야, 이런 치성 저런 치성, 정성 가득 받아 들고 고이고이 가옵소서."

다음 날, 동트기가 무섭게 덕수는 이 대감 집으로 향했어요. 오늘도 어김없이 마을 사당에는 무당의 굿 소리가 구슬프게 이어졌어요. 덕수는 매일 그렇듯 오늘도 사람들 틈에 끼어 이러다 손금이 없어지지 않을까 싶을 정도로 두 손을 모아 연신 고개를 숙이며 빌고 또 빌었어요. 어젯밤에 닭 피를 얻는 데 실패한 덕수는 여느 날보다 정성을 다했어요.

'마마님, 제발 아버지를 데려가지 말아 주세요. 이미 어머니를 데려가셨잖아요. 아버지는 제발 그냥 지나쳐 가 주세요.'

1585년, 덕수가 사는 황해도 의주에는 전염병인 온열이 발생해 마을마다 굿판이 한창이었어요. 사람들은 이 병을 '손님'이라고 부르면서 굿을 벌이고, 제발 그냥 지나가 달라고 빌 뿐이었어요. 치료법을 모르니, 사람들 사이에서는 닭 피를 문에 바르면 손님이 그냥 지나간다는 소문만 무성했어요. 전염병이 마을을 덮쳐 사람들이 죽어 나갔고, 어떤 마을이 아예 사라질 정도로 온열의 전염성은 강했어요. 마을은 곡소리로 가득했어요.

"자네, 들었나? 역병을 치료하기 위해서 조정에 있는 의원이 우리 마을로 온다던데?"

"그래? 헌데 치료법이 있긴 한가?"

"임금이 아끼는 의원이라는데, 오면 뭐라도 하지 않겠는가."

"아니, 지난번 역병으로 혜민서도 폐쇄되었는데 어디에서 환자들을 본단 말인가?"

"역병이 돌고 온 식구가 다 떠난 바람에 이 대감네 집이 비어 있지 않은가? 그곳을 임시 진료소로 쓴다는구먼."

굿판에서 마을 어른들이 하는 이야기를 엿들은 덕수는 어젯밤에 만난 사내가 조정에서 온 의원이라는 사실을 알았어요. 덕수는 곧바로 이 대감 집으로 향했어요.

밝은 날 보니, 의원은 생각보다 더 나이가 들어 보였어요.

"의원님, 닭 피보다 좋은 약이 정말 있나요?"

의원은 덕수를 보더니 깨끗한 천을 가져와 덕수에게 내밀었어요.

"이건, 그냥 천이잖아요?"

"이걸로 우선 아버지 몸을 잘 닦아 드려라. 깨끗한 옷으로 갈아입혀 드리고, 너도 깨끗하게 씻으렴."

의원은 지저분한 덕수의 행색을 가리키며 말했어요. 약을 기대했다가 실망한 덕수가 볼멘소리로 말했어요.

"역시 어제 닭의 목을 비틀었어야 했네요."

의원은 덕수의 반응을 무시한 채 말을 이어 나갔어요.

"이 마을에 너희 아버지 같은 증상이 있는 환자들이 몇이나 있지? 그 사람들을 모두 이곳으로 모아 줄 수 있겠느냐? 단, 환자들을 옮길 때는 깨끗한 천으로 환자의 몸을 닦고 직접적으로 신체가 닿지 않게 손을 헝

겊으로 잘 감싸고 옮겨야 한다고 일러야 한다."

덕수는 잠깐 생각하더니 물었어요.

"의원님, 역병을 치료하실 수 있는 겁니까? 치료법이 있나요?"

"병이 있으면 반드시 그 병을 치료할 약도 있는 법. 그게 최소한 닭 피가 아니라는 건 안다. 내 치료법을 찾아 보려고 이 마을을 찾았다. 이 마을 사정을 잘 아는 네가 나를 좀 도와주면 좋겠구나."

덕수는 반신반의하며 답했어요.

"네, 알겠습니다."

환자들을 모아 놓고 기록만 하는 의원

덕수는 역병에 걸린 환자가 있는 집을 돌며 말했어요.

"궁궐에서 온 의원님이 역병을 치료해 주신대요. 마을을 떠난 이 대감 댁 있지요? 그곳으로 환자를 옮겨 주세요. 환자의 몸을 직접 손으로 만져서는 안 되고 헝겊 등으로 잘 싸서 옮겨야 한다니까, 손이 부족하면 제가 옮기는 걸 도와드릴게요."

덕수의 말에 이 대감 집으로 역병 환자들이 모여들었어요. 의원은 각 방마다 환자들을 눕히고는 궁궐에서 함께 온 아랫사람들에게 말했어요.

"사랑방에 있는 사람들에게는 고삼만 먹이고, 건넌방에 있는 사람들에게는 치자만, 그리고 끝방에 있는 사람들에게는 매실만 먹이게."

그러고는 각각의 방에 있는 사람들을 따로 치료했어요. 덕수의 아버지는 매실만 먹이는 방에 있었고, 덕수는 애타는 마음에 매일 그곳을 찾았어요. 가만 보니 의원은 늘, 환자에게 음식을 먹이고 나면 무거운 얼굴로 책자에 무언가를 적기만 했어요. 덕수는 음식을 먹이는 것 외에 특

별한 치료를 하지 않는 의원이 답답했어요.

'아니, 의원이 치료는 안 하고 맨날 뭔 책만 그리 끼고 있담. 이래 가지고 치료가 될까? 그냥 다시 닭 피를 구하는 게 낫겠네.'

"덕수야, 병은 굿이나 미신으로 치료되는 게 아니다. 분명 의학적인 치료법이 있어."

마음을 읽은 듯한 의원의 말에 깜짝 놀란 덕수는 그간 묻고 싶었던 말

을 꺼냈어요.

"의원님, 그런데 왜 진료를 보지 않으시고 이렇게 사람들을 방마다 나눠서 음식만 먹이십니까?"

"나는 이미 다른 지역에서 중국 의술서에 나온 대로 치료를 해 봤다. 하지만, 차도가 없더구나. 아무래도 중국 사람과 우리 조선 사람의 체질이 달라서 그런 것 같다. 중국인들은 기름진 음식을 많이 먹지만, 우리 조선인은 채식 위주의 담백한 식사를 하지. 먹는 음식과 기후가 다르면 서로 체질이 달라질 수밖에……. 우리 조선인의 체질에 맞는 역병 치료법이 필요한데, 안타깝지만 그런 치료법을 담은 서책은 아직 없어서 말이다. 그래서 내가 이렇게 직접 환자들을 나눠서 치료해 보고, 그 예후를 기록하고 있단다."

"기록이요?"

"그래, 음식과 치료법을 나누어 시도해 보고 있기 때문에, 방마다 다른 반응이 나오기 마련이지. 그걸 통해 치료법을 찾을 수가 있단다. 이렇게 기록함으로써 또 알아낸 것이 있다."

"무엇입니까?"

"지금 돌고 있는 역병이 온열 말고도 또 있더구나. 두창(천연두)이라는 병으로 특히 아이들에게 치명적이지."

덕수는 의원의 말을 완벽하게 이해하지는 못했지만, 그 어느 때보다 진지한 의원의 모습을 보며 믿어 보기로 했어요.

며칠이 지나자, 덕수 아버지의 병세가 점점 나아가고 있는 게 눈에 띄었어요.

"의원님! 아버지 몸에 고름이 가라앉고 있어요!"

덕수의 말에 의원이 아버지 몸을 살피더니 책자를 펼쳐 들고는 말했어요.

"그래, 내 기록을 보니 여기 매실만 먹은 환자들이 차도가 있구나. 부은 목도 가라앉고 설사도 줄었어. 열까지 내린 환자도 있고. 온열에는 매실이 효과가 있구나!"

의원은 또 책자에 무언가를 열심히 적더니, 이 마을에 와서 처음으로 활짝 웃었어요. 덕수는 이제 닭 피를 깨끗하게 포기할 수 있을 것 같았어요. 그리고 그동안 대수롭지 않게 여겼던 의원의 책자에도 눈길이 갔어요. 처음으로 책자의 겉표지를 유심히 살펴보았어요. 거기에는 의원의 이름인 듯한 글씨가 적혀 있었어요.

'구암 허준'.

증인: 『동의보감』과 허준

조선의 의료 빅데이터

세계기록유산이 된 조선의 의서

1592년 임진왜란이 발발하자, 당시 임금이었던 선조는 난리를 피해 피난을 갔어. 피난길마다 선조는 돌림병과 병마에 시달리는 백성을 보게 되었지. 그래서 한양을 되찾은 후 당시 조정에서 의원으로 일하던 허준에게 백성들을 치료할 수 있는, 조선인을 위한 의서를 쓰라는 명을 내렸어.

이에 허준은 다섯 명의 의원과 함께 의서를 쓰기 시작했어. 하지만 의서를 편찬하는 일은 정유재란이 일어나면서 중단되었어. 그러던 중 1608년, 선조가 병으로 죽자 어의(임금의 건강을 책임지는 의사)였던 허준은 그 책임을 지고 귀양을 가게 되었어.

허준은 귀양지에서도 의서를 쓰는 일을 쉬지 않았어. 귀양살이가 끝나고 다시 한양으로 돌아온 후 허준은 자신이 쓴 의서를 당시 임금이 된 광해군에게 바쳤어. 그 의서가 『동의보감』이야. 당시 허준의 나이는 72세였어. 3년 후, 『동의보감』은 총 25권 25책의 목판활자로 만들어져 간행되었어. 누구나 필요하면 볼 수 있는 의서가 되었지. 『동의보감』은 2009년 유네스코 세계기록유산으로 등재되었어.

애민 정신을 발휘한 조선시대 최고의 의원, 허준

1539년(공식적인 기록이 없어서 정확하지는 않음)에 출생한 허준은 과거시험 잡과 중 의과에 합격한 이후 뛰어난 의술 실력을 인정받아 내의원에 들어가게 되었어. 내의원은 궁궐 안에 있는 병원으로, 왕실을 전담하는 의료 기관이야. 내의원 의원들은 궁궐에서 왕과 왕의 가족들의 건강을 돌보는 일을 해. 그런데 허준은 신분을 가리지 않고 환자들을 정성껏 돌보고 치료했어. 의원이라면 신분이나 재산에 상관없이 환자들을 잘 돌봐야 한다고 생각했기 때문이야.

그러던 중 왕세자(광해군)가 귀신도 치료하지 못한다는 무서운 전염병,

천연두에 걸렸어. 한번 걸리면 살아남기 힘든 전염병이라, 내의원 중 아무도 치료하려 들지 않았지. 그런데 이때 허준이 용감하게 나서서 성공적으로 치료했어.

이를 계기로 허준은 당시 왕인 선조의 신임을 받고 어의가 되었지. 그 덕에 허준은 의학자로서 올라갈 수 있는 최상위 지위보다 더 높은 정1품

까지 올라갔어. 허준은 뛰어난 의술을 가진 의원이었을 뿐 아니라, 『동의보감』을 비롯한 다양한 의서를 편찬하여 조선의 의학 지식을 널리 알린 저자이기도 해. 『동의보감』 외의 의서는 대부분 전염병과 관련된 것이었어. 임진왜란 이후 전염병 때문에 더욱 살기 고달파진 백성들을 위해 애쓴 결과물이야.

 지식플러스+

조선시대의 돌림병

세균과 바이러스의 개념이 없던 조선시대에 돌림병은 왕가들도 피할 수 없었어요. 임진왜란 때 전쟁으로 죽은 백성보다 전염병으로 죽은 백성이 더 많다는 얘기가 있을 정도였죠. 조선시대에도 돌림병이 돌면 환자나 시체를 격리했는데, 한양에서는 도성 밖으로 추방해 '활인서'라는 곳에 한데 모았다고 해요. 그리고 활인서에는 의원과 무당을 함께 두었어요. 전염병에 대한 이해가 없던 당시에는 미신에 기대어 굿을 통해 고쳐 보려고도 했고, 전염병을 막아 달라며 역신에게 제사를 지내기도 했어요. 백신이 개발되기 전, 어떻게든 병을 고쳐 보려던 사람들의 바람은 이렇게 간절했어요.

빅데이터를 찾았다!

『동의보감』 속 빅데이터

14년에 걸쳐 집필한 조선의 의학 데이터

조선인에게 맞는 의서(의학 책)가 없던 시절, 의원들은 중국 의서를 참고하거나 자신만 아는 방법으로 백성을 치료해야 했어. 의원들은 어깨너머로 배운 지식으로 환자들을 치료했고, 알음알음 체득한 산 지식은 절대 남에게 알리지 않았지. 그러다 보니 조선의 의학은 발전하기 힘들었어.

게다가 조선시대에 의원은 양반들이 선뜻 택하기 꺼리는 기술직이었어. 의료 지식에 대한 탐구는 성리학이나 다른 학문에 비해 뒤처질 수밖에 없었지.

임금 선조는 임진왜란의 후유증과 온열, 두창 등의 전염병으로 백성들이 고통을 받는 모습을 보고, 조선인을 위한 의서가 필요하다고 생각했어. 허준 역시 이전부터 그런 생각을 품고 환자들의 병세를 꼼꼼히 기록해 왔어.

선조는 허준에게 조선의 의서를 만들라고 명했고, 허준은 내의원에 있던 진료 기록과 처방전, 혜민서의 진료 기록, 그리고 선조가 하사한 500권의 의서를 모두 살펴보았어. 선조가 죽고 나자, 허준은 임금을 살리지 못했다는 책임을 지고 귀양을 가게 됐는데, 귀양살이를 하면서도 의서 집필을 쉬지 않았어. 1610년, 허준은 선조가 처음 의서 편찬을 명한 지 14년 만에 그동안 연구하고 시도해 본 모든 기록을 담은『동의보감』을 완성했어. 드디어 조선의 의료 빅데이터가 탄생한 거지.

기록에 기반한 허준의 전염병 연구

허준은 전염병 연구에도 심혈을 기울였어. 전염병의 발생 시기를 꾸준히 기록했는데, 그 결과 12월 한파가 풀리면서 돌림병이 나타나서 7~8월까지 심해지다가 찬바람이 부는 가을쯤 잠잠해진다는 사실을 알아냈어. 또 돌림병 환자들을 돌보며 기록한 정보를 바탕으로 돌림병은 치료보다 예방이 중요하다는 점도 깨달았어.

그래서 사람들에게 손을 씻어 감염을 예방하라고 당부했고, 주변 산야에 있는 풀과 약초의 치료 효과를 알렸어. 허준이 살리고 싶었던 사람들은 양반뿐만이 아니었어. 모든 백성이 병들지 않고 건강하길 바랐단 거야. 허준은 이러한 전염병에 대한 연구를 『신찬벽온방』이라는 책으로 정리했어.

『동의보감』, 데이터의 가치

『동의보감』은 출간하자마자 조선을 대표하는 의학 백과사전이 되었을 뿐 아니라, 중국과 일본, 대만에서도 가장 각광 받은 동양 의학서가 되었어. 중국에서는 서른 차례 이상 출간되었을 정도였지. 일본에서는 출간본 서문에 다음과 같이 적었어.

"『동의보감』은 이론이 정밀하고 오류가 없어 생명을 구하는 데 없어서는 안 될 책으로 의학 발전에 지대한 공을 세웠다."

『동의보감』이 이토록 큰 찬사를 받는 의학 서적이 된 건, 방대한 양의 의학적 지식(데이터)을 일목요연하게 나누어서 분류했기 때문이야. 한의학의 기본 원리를 목차만 봐도 쉽게 파악할 수 있도록 구성했지.

그리고, 처방법도 중국에서 유래된 것과 조선 의원들만의 처방을 구분하여 알려줌으로써 국적에 관계 없이 의사들이 매우 편리하게 사용할 수 있도록 했어. 『동의보감』은 현 시대에도 한의사들이 가장 많이 참고하는 서적이자 동양을 대표하는 의학서야.

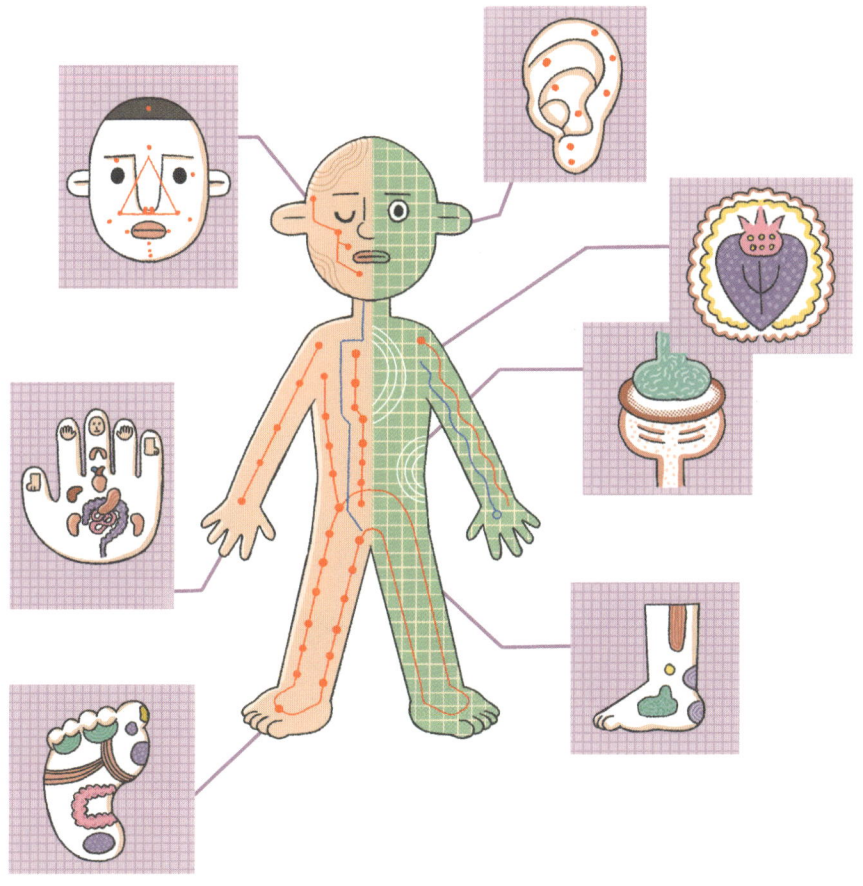

지금, 빅데이터는?

빠르고 정확해지는 건강 데이터

개인 의학 빅데이터, 웨어러블 기기

웨어러블(Wearable)이란, 몸에 착용할 수 있는 장치를 말해. 웨어러블 기기는 AI, 사물인터넷, 블록체인 등의 기술이 접목된 것으로, 몸에 착용하는 컴퓨터 역할을 해.

웨어러블 기기는 특히 모바일 헬스 케어에 많이 활용돼. 대표적인 것이 스마트 워치야. 스마트 워치는 하루에 몇 번 심장이 뛰는지(심박수), 얼마나 많이 움직이는지(걸음 수), 얼마나 깊이 자는지(수면 패턴)를 기록해. 일상 속 매일 수집되는 데이터는 시간이 지남에 따라 사용자의 개인 건강 빅데이터가 되지.

오랜 기간 동안 축적된 데이터는 건강 상태의 이상 증상을 탐지하는

데 큰 도움이 돼. 의사가 이 데이터를 보고 환자의 병을 조기에 발견하거나, 약을 바꾸는 데 도움을 줄 수 있지. 지금까지는 아프거나 병이 생기고 나서야 병원에서 처방을 해 줬다면, 이제는 병이 발생하기 전에 미리 예방할 수 있게 된 거야.

의학적인 웨어러블 기기는 점점 더 작아지고, 세분화되고 있어. 반지처럼 생긴 헬스 케어 디바이스, 당뇨 환자들이 편하게 이용할 수 있도록 동전보다 작게 만들어진 혈당 측정기 등 점점 더 개인 맞춤형으로 진화하고 있지.

한국이 코로나19에 빠르게 대응한 이유

코로나19가 한창이던 때, 한국은 세계에서 코로나19에 가장 빠르게 대응한 국가 중 하나였어. 빅데이터를 활용한 '코로나 역학조사 지원 시스템'이 잘 작동했기 때문이야. 질병관리청과 과학기술정보통신부, 경찰청 등이 함께 만든 이 시스템으로 코로나19가 빠르게 퍼질 때, 누가 어디에 갔는지, 누구를 만났는지를 빠르게 알아낼 수 있었어. 휴대폰 GPS, 신용카드 사용 기록, CCTV 같은 데이터를 모아서 감염자의 이동 경로를 빠르게 확인할 수 있었지. 그 결과 조사 기간이 하루 이상 걸리던 것이 짧게는 10분에서 한 시간 안으로 단축됐어.

빅데이터를 활용한 역학조사는 앞으로도 감염병이 돌 때 방역에 큰 역할을 하게 될 거야.

교과서 속 빅데이터 키워드

#역병 집단적으로 생기는 급성 전염병을 일컫는 말이에요. 천연두, 흑사병, 코로나19 등이 이에 해당해요.

#데이터 관찰이나 측정을 통해 얻은 값이나 사실로, 글자, 숫자, 이미지, 소리 등이 있어요. 데이터는 형태에 따라 아날로그 데이터와 디지털 데이터로 나누어요.

제 2 장

『승정원일기』, 288년의 날씨 기록

측우기가 바꾼 날씨의 기록

조보를 읽는 대장장이 아들

세종 23년(1441년) 5월 15일(음력)

승정원 발행

오늘의 날씨: 아침에는 맑았고 오후에는 조금 흐림. 바람은 남쪽에서 불었으며, 비는 내리지 않음.

왕명

가뭄이 오래 이어져 단비를 기대하기 어렵다.

관상감과 각 도 관청은 비가 내리면, 그친 뒤 논밭의 젖은 흙을 파서 깊이를 재어 보고하라.

관상감 기술관 장영실이 혼천의와 해시계 수리·개량에 힘쓰고 있다.

솜씨와 성실함이 뛰어나니, 필요한 재료를 끊기지 않게 하라.

덕배는 며칠 전 만복 아재에게 얻은 조보를 베껴 쓰며 글공부를 하고 있었어요. 조보는 궁궐 안의 일을 기록하는 『승정원일기』의 주요 내용을 간추려 조정에서 발행하는 궁궐 소식지예요. 대장장이 아들이지만 덕배는 망치보다 붓을 좋아했어요. 조보를 베끼며 글공부를 하다 보니, 자연히 궁궐에서 벌어지는 일도 알게 되었지요. 오랜 가뭄 때문인지, 조정의 관심은 '비'인 것 같아요.

'그런데 젖은 땅의 깊이를 잰다니……. 땅의 성질이 달라서 같은 비가 오더라도 깊이가 다를 텐데 비의 양을 정확히 재기 어렵지 않을까? 흠, 그런데 뭐, 궁에는 장영실 나리가 계시니 알아서 잘하시겠지. 나 같은 천것이 뭘 알겠어.'

그때 방문이 벌컥 열리더니 아버지의 성난 목소리가 들렸어요.

"이놈아, 대장간에 나와 아비를 좀 도우라니까! 글공부가 밥 먹여 주냐?"

덕배는 시무룩하게 조보를 방 한 켠으로 밀어 두고 일어났어요.

'쳇, 대장장이 일은 재미없는데…….'

덕배는 속으로 불만을 삼키며, 입을 삐죽 내밀었어요.

"좀 있으면 만복 아재가 온다. 어디 가지 말고 대장간에 붙어 있어라."

만복 아재라는 말에 덕배는 눈을 반짝이더니 그제야 대답을 했어요.

"네. 지금 나가요."

만복 아재는 역졸로, 국가에 소속된 대장장이인 덕배 아버지에게 조정의 주문서가 담긴 공문을 전달해 줘요. 덕배는 글을 읽을 줄 모르는 아버지 대신 공문을 읽어 드려요. 덕배가 글 읽는 걸 좋아한다는 것을 아는 만복 아재는 공문을 가지고 올 때면 여분의 조보를 덕배에게 몰래 건네주기도 해요.

조보는 원래 외부로 빼낼 수 없는 문서이기에, 덕배는 만복 아재가 주는 조보를 베낀 후, 다시 만복 아재에게 돌려줘요.

'오늘도 만복 아재가 조보를 가지고 오시려나?'

잿밥에 관심이 더 많은 덕배는 기대를 품고 대장간으로 향했어요.

궁에서 내려온 공문

해가 중천에 뜨니, 만복 아재가 공문을 들고 대장간으로 왔어요. 덕배는 만복 아재가 전달해 준 공문을 아버지에게 읽어 드렸어요.

창을 50자 만들고, 철 30근을 공납하라.

평상시와 별 다를 바 없는 명령이었어요. 그런데 이번에는 만복 아재가 또 다른 공문 하나를 전달했어요. 도면까지 있는 공문이었지요.

이 모양대로 쇠를 사용해 길이가 1척 5촌, 직경이 7촌인 물건을 제작하라.

덕배의 아버지는 도면을 보며 고개를 갸웃하더니 만복 아재에게 물었어요.

"만복 형님, 이게 무엇에 쓰는 물건인지요? 나는 당최 모르겠는데, 형님은 아시오?"

"나야 공문을 전달만 하는 사람인데 뭘 알겠나. 참, 듣자 하니 장영실인가 하는 나리가 주문한 일이라 하더라."

"장영실 나리가요?"

덕배가 깜짝 놀라며 물었어요. 덕배와 같은 천민 출신이지만 궁궐까지 입성해 임금님의 총애를 받는 장영실은 덕배의 영웅이었어요. 조보에 장영실이라는 이름이 나오기라도 하면 마치 아는 사람인 것마냥 자랑스러웠지요. 장영실 나리가 지시한 일이라니, 덕배는 무엇을 만들기 위한 것인지 무척 궁금했죠.

"하긴, 우리 같은 천민에게 뭐 나라에서 일일이 설명을 해 줄까. 우린 만들어 달라는 대로 만들어 주고, 돈푼이나 챙기면 되지. 형님, 내 얼른 주조해서 올리겠다고 전해 주시오."

아버지는 큰 작업을 맡은 것이 그저 신나 보였어요. 그날부터 덕배는 여느 때와 다르게 아버지가 하는 작업을 적극적으로 도왔어요.

'과연 이 물건의 용도는 무엇일까? 이 정도 크기면 작은 짐승 정도는

들어갈 텐데, 짐승을 가두기 위한 것일까? 아니면 무기를 보관하기 위한 것일까?'

덕배는 무엇을 만들고 있는 건지 도무지 알 수 없었지만, 제 나름대로 이리저리 혼자 추리해 보는 것이 즐거웠어요.

드디어 물건이 완성되던 날, 만복 아재가 헐레벌떡 찾아왔어요.

"자네, 장영실 나리가 주문한 물건은 다 만들었는가? 내일 나리가 직접 물건을 확인하러 오신다고 하네. 실수한 건 없는지 꼼꼼하게 확인해야 할 걸세."

"아니, 참말이요, 형님? 엄청 중한 물건인가 보네요. 덕배야, 나머지 마무리 실수 없이 해야겠구나."

덕배는 장영실 나리가 찾아온다는 말에 가슴이 뛰었어요.

수수께끼가 풀린 물건의 정체

다음 날, 장영실 나리가 여러 아전과 함께 왔어요. 덕배는 눈앞에 있는 영웅을 믿기지 않는 표정으로 바라보았지요. 장영실 나리는 완성된 물건을 꼼꼼하게 확인하더니 말했어요.

"흠, 이 정도면 물이 새거나 하진 않겠네. 수고했네. 이와 같은 것으로 300개를 더 제작하게."

장영실 나리의 말에 아버지의 입이 떡 벌어졌어요.

"300개나요? 아이고, 감사합니다, 나리."

덕배는 궁금함을 이기지 못하고 조심스레 장영실 나리에게 물어보았어요.

"나리, 용도를 알면 더 알맞게 만들 수 있을 것 같아서 그러는데요. 송구스럽지만, 혹시 이게 무엇에 쓰는 물건인지 알려주실 수 있으실지요?"

"예끼, 어딜 감히!"

아버지가 덕배를 제지했지만, 장영실 나리는 화를 내지 않고 설명해 주었어요.

"비의 양을 기록하기 위한 통이란다. 전국에 일정한 크기의 통을 설치하여, 빗물을 받아 그 양을 기록하면 비가 내리는 시기와 양을 예측할 수 있지. 네 아버지가 아주 꼼꼼하게 만들어 준 덕분에 이제 비가 올 때마다 흙을 퍼 올리지 않아도 될 것 같구나."

덕배는 그제야 의문이 풀렸어요.

'정말 상상도 못한 방법이야. 장영실 나리는 역시 대단한 분이셨어!'

조보를 보며 품었던 의문에 대한 답을 장영실 나리가 찾아냈다 생각하니, 덕배는 왠지 가슴이 벅차올랐어요. 비가 온 뒤 땅에 비가 스민 깊이를 재는 것보다는 이런 통을 만들어 설치하는 게 비 내린 양을 훨씬 정확하게 측정할 수 있을 것 같았거든요. 덕배는 흥분해서 아버지를 대신해 물었어요.

"그럼 이 물건에 뭐라고 새기면 될까요, 나리?"

"비의 양을 측정하는 기구이니, 측우기라고 새겨 넣거라."

덕배는 자신도 모르게 속마음을 그대로 말해 버렸어요.

"이런 생각을 하시다니, 정말 멋지세요, 나리. 존경합니다."

"허허, 그래, 고맙다. 하지만, 처음 이걸 생각해 낸 사람은 세자이시다. 나는 그저 세자의 생각을 현실화시키는 것뿐이지."

덕배는 장영실 나리의 겸손함까지 마음에 와 닿았어요.

'이런 위대한 발명품을 천민 출신 장영실 나리가 발명하시고, 또 아버지 같은 대장장이가 직접 만들다니. 대장장이라는 직업이 하찮은 것이 아니구나. 나도 열심히 기술을 연마해서 장영실 나리 같은 발명가가 되어야겠어.'

덕배는 오늘따라 대장장이 아버지가 멋있어 보였어요.

1년 뒤, 그날도 덕배는 만복이 아재가 몰래 전달해 준 조보를 받았어요. 덕배는 방에 들어와서 혼자 조보를 펼쳐서 읽었어요.

세종 24년(1442년) 5월 8일(음력)

승정원 발행

오늘의 날씨: 아침에 구름이 짙었고, 오후에 점차 맑아졌으며, 서풍이 천천히 불었고, 비는 오지 않았음.

<u>왕명</u>

그동안 비를 기록하는 방법이 제각각이어서 정확하지 않았다. 이에 새 기구 '측우기'를 만들어 전국에 설치한다.
높이 1척 5촌, 입구는 둥글고 반듯하게 하여 빗물을 받아 깊이를 재고, 비의 시작과 끝 시각을 함께 기록하라.
관상감 기술관 장영실이 기구 제작을 전담하여 큰 공을 세웠으므로, 비단 한 필을 상으로 내린다.

증인: 『승정원일기』와 장영실

매일 기록된 조선 왕들의 일기

세계에서 가장 방대한 국정 기록

『승정원일기』는 조선시대 '승정원'이라는 기관에서 나라의 중요한 일을 모두 기록한 책이야. 승정원은 지금의 대통령비서실처럼 왕이 내린 명령을 각 기관에 전하고, 기관에서 온 보고를 왕에게 전하는 일을 하던 곳이지.

『승정원일기』에는 정치 이야기뿐 아니라 백성들의 생각, 날씨와 하늘에 떠 있는 별의 움직임까지 자세히 적혀 있어. 세종대왕 때부터 기록하기 시작했는데, 조선시대 전기의 일기는 임진왜란과 병자호란 같은 큰 전쟁으로 많이 사라져서, 지금은 인조 원년(1623)부터 순종 4년(1910)까지의 기록만 남아 있어.

  지금 전해지는 건 모두 3243권이야. 글자 수만으로도 2억 4000만 자가 넘는 어마어마한 분량이지.『조선왕조실록』보다 다섯 배나 많은 양이기도 해. 이 일기는 세계에서 가장 오래된 1차 사료로 인정받아 2001년에 유네스코 세계기록유산으로 지정되었어.

조선시대 가장 뛰어난 과학 기술자, 장영실

　　장영실은 조선 세종대왕 때 활약한 뛰어난 과학자이자 기술자야. 천민 출신이었지만, 뛰어난 재능과 노력을 인정받아 궁궐에 들어가 세종대왕의 신임을 받았지.

　　장영실은 해시계 '앙부일구', 물시계 '자격루', 그리고 천체 관측 기구 '혼천의' 등 여러 중요한 과학 기구를 만들었어. 또 세계 최초의 강수량 측정 기구인 '측우기'를 만들고, 강물이 넘치는지 알 수 있는 '수표'를 제작해 가뭄과 홍수를 관리하는 데 큰 기여를 했어.

　　하지만 이후에 왕을 위해 만든 가마가 부서지는 사고가 발생하면서 궁궐에서 쫓겨나는 벌을 받았지.

　　그 이후 장영실의 삶이 어떠했는지에 관해서는 기록이 거의 남아 있지 않아. 비록 장영실에 관한 기록은 많지 않지만, 장영실의 발명품들이 조선 과학기술 발전에 크게 기여했고, 당시 세계적으로도 매우 앞선 기술이었다는 점은 분명해. 그래서 장영실은 조선시대를 대표하는 과학자 중 하나로 기억되고 있지.

 지식플러스+

측우기, 농업 사회가 만든 세계 최초 기상측정기

예로부터 우리나라는 농업을 기반으로 하는 사회였어요. 농사에서 비는 아주 중요해요. 그래서 비가 오랫동안 오지 않으면 비가 오길 비는 '기우제'라는 제사를 지냈어요. 우리나라에 전해 내려오는 기우제 방법만 해도 100가지가 넘는다고 해요. 특히 조선시대에는 한 해에 두 번 농사를 짓는 '이모작'이 많았는데, 이때는 더 많은 물이 필요했지요. 세종대왕은 조선의 왕들 중에서도 기우제를 많이 지낸 임금으로 꼽히기도 해요. 측우기가 발명되기 전에는 '우택 관측법'이라는 방법으로 비의 양을 쟀어요. 땅에 스며든 빗물의 깊이를 재는 방식이었는데, 땅의 상태에 따라 결과가 제각각이어서 정확하지 않았어요. 이런 문제를 고민하던 중, 당시 왕세자였던 문종이 구리 그릇을 마당에 두고 모인 빗물의 양을 재는 실험을 했어요. 측우기는 바로 이 실험에서 발전된 것이에요. 1441년에 장영실 등이 제작한 측우기는 이듬해인 1442년 6월부터 한양을 비롯한 전국 팔도 약 350곳에 설치되어 강수량을 측정하는 데 이용되기 시작했어요. 놀랍게도 이는 서양보다 무려 200년이나 앞선 것이었어요. 『승정원일기』에서 '측우기'라는 단어가 무려 8129건이나 나올 정도로 활발하게 사용되었어요. 그런데 지금은 모두 소실되고 단 한 개만 남아 있어요. 측우기는 세계 최초로 국가가 표준화한 기상 측정기라는 점에서 큰 의미를 지닌답니다.

빅데이터를 찾았다!

『승정원일기』 속 빅데이터

미래의 이상기후를 예측하는 중요 단서

『승정원일기』에는 무려 288년 동안의 날씨가 하루도 빠짐없이 기록되어 있어. 날씨는 '맑음', '흐림', '비', '눈'처럼 간단하게 구분했지만, 어떤 날은 '오전에 맑고 오후에 눈이 옴'이나 '아침에 흐리다가 저녁에 갬'처럼 하루 안의 변화까지 자세히 적었어.

비가 온 날은 측우기를 사용해 빗물의 양을 재고 꼼꼼하게 기록했지. 강우량은 미우(아주 적은 비)에서 시작해 세우, 소우, 하우, 쇄우, 취우, 대우, 폭우까지 8단계로 나누어 표시했어. 하루에 여러 번 비가 내리는 경우에는 시간대별로 강우량을 따로 측정해 남겼어. 이렇게 세심하게 기록한 이유는 농사의 성공과 홍수 예방이 모두 비의 양과 깊은 관련이 있어서지.

날씨 변화는 하루나 며칠 사이에 나타나기도 하지만, 100년~200년 주기로 나타나는 경우도 있어. 그래서 이런 긴 기간의 기상 변화를 연구하려면 오랫동안 모아 온 자료가 꼭 필요하지.『승정원일기』에 남겨진 날씨 기록은 미래에 일어날지도 모르는 이상기후를 예측하는 데 아주 중요한 단서가 돼.

원통형 그릇에 똑같이 잰 빗물 기록

측우기는 금속으로 만든 원통형 그릇 모양이었어. 깊이는 약 31cm, 지름은 약 15cm로 모두 똑같이 만들어 전국 330곳에 설치했어. 측우기는 돌로 만든 '측우대' 위에 올려 놓고, 빗물이 고이면 '주척'이라는 표준 자로 그 깊이를 쟀어. 놀랍게도 2mm(푼) 단위까지 정확하게 측정했지.

이렇게 전국에서 같은 모양의 측우기를 설치하고, 같은 규칙에 따라 비의 양을 재도록 해서 어디서나 똑같이 비교할 수 있었어. 각 고을의 수령들은 비가 온 시간, 갠 시간, 그리고 빗물 깊이를 푼 단위까지 기록해 조정에 보고했어. 또, 나중에 참고할 수 있게끔 그 기록을 잘 보관하도록 정해 놓았어.

『승정원일기』, 데이터의 가치

『승정원일기』는 조선시대의 모든 나랏일을 매일 기록한 세계에서 가장 길고, 가장 자세한 역사 기록이야. 날씨부터 왕과 신하들의 대화, 정책 결정 같은 중요한 일들까지, 지금 남아 있는 것만 해도 무려 288년 동안의 정보가 기록돼 있지. 특히 『조선왕조실록』과는 달리, 한 번 적으면 고치거나 지우지 않았기 때문에 조선을 연구할 때 가장 믿을 수 있는 자료로 평가돼.

앞서 말했듯, 『승정원일기』에 기록된 날씨 정보는 정말 꼼꼼해. 그 덕분에 과거와 지금의 기후를 비교할 수 있고, 앞으로의 날씨 변화를 예측하는 데도 도움이 되지. 예를 들어, 조선시대에는 비가 가장 많이 오는 시기가 6월 말이었는데, 현대에 들어서는 8월 초로 조금 늦춰졌다는 사실을 알 수 있어. 또, 장마가 일찍 시작하면 늦게 끝나고, 늦게 시작하면 일찍 끝난다는 흥미로운 규칙도 찾을 수 있지.

이렇게 오래 기록된 데이터는 과거를 알려줄 뿐 아니라, 미래를 준비하게 해 주는 귀중한 자료가 돼.

지금, 빅데이터는?

지구를 살리는 기상 빅데이터

> **빅데이터로 더 정확해진 일기예보**

현재 우리나라는 전국에 설치된 600여 대의 지상 관측 장비가 기압, 기온, 바람, 강수량을 자동으로 측정하고 있어. 하늘 위에서는 기상 위성과 기상 레이더가 실시간으로 구름과 비, 태풍의 움직임을 관찰하지. 이렇게 모인 방대한 자료가 바로 '기상 빅데이터'야. 이 데이터는 우리나라뿐 아니라 전 세계와도 실시간으로 공유되어, 더 넓은 시야에서 날씨 변화를 파악할 수 있지.

수집된 빅데이터는 슈퍼컴퓨터로 분석되어 '수치예측자료'로 변환돼. 이 자료를 토대로 예보관들이 전문 지식과 경험을 보태 내일의 날씨, 다음 주의 기온, 태풍의 이동 경로까지 예측하지. 이렇게 만들어진 예보는 농사, 어업, 항공, 선박 운항 등 우리 생활 전반에 없어서는 안 될 중요한 정보가 되고 있어.

효율적인 에너지 관리

자연에서 얻는 에너지는 계속 사용할 수 있어서 재생에너지라고 불러. 석유나 석탄 같은 화석 연료는 점점 고갈되고 있고, 또 온실가스를 많이 배출해서 기후 위기의 큰 원인이 되고 있어. 그래서 전 세계는 재생에너지 사용량을 점점 늘려 가고 있어. 태양에서 얻는 태양 에너지, 바람에서 얻는 풍력 에너지 등은 모두 날씨와 밀접한 관계가 있어. 그래서 재생에너지 발전소에서는 날씨 빅데이터를 활용해 전기 에너지를 언제, 얼마나 만들 수 있을지 미리 계산해.

날씨는 전기 사용량에도 큰 영향을 줘. 여름철 폭염이 오면 에어컨을 많이 켜고, 겨울철 한파가 오면 난방기를 많이 사용하기 때문에 전기 수요가 확 늘어나지. 기상 데이터를 분석하면 이런 전기 사용 패턴을 미리 예측할 수 있어서, 전기가 부족하지 않도록 준비할 수 있어.

날씨 데이터를 활용한 에너지 관리는 지구 환경을 지키는 데도 도움이 돼. 필요한 만큼만 전기를 생산하고 효율적으로 사용하면 탄소 배출도 줄일 수 있기 때문이야.

교과서 속 빅데이터 키워드

#기상청 기상에 관한 일을 담당하는 대한민국 중앙행정기관이에요. 기상관측뿐만 아니라 기후변화 예측이나 감시 업무까지 해요. 홈페이지(www.weather.go.kr)에서 실시간 전국의 날씨를 알려 주고 있어요.

제3장

『난중일기』, 임진왜란 해전 전략의 근거

조류를 이용한 기적 같은 승리

열두 척의 배만 남은 조선의 수군

'오늘은 대감님을 가까이서 뵐 수 있을까?'

사월이는 오늘따라 마을 포구에 위치한 수군 숙영지로 향하는 발걸

음이 분주했어요.

"사월아, 오늘은 중요한 날인 것, 알고 있지? 평소보다 바지런히 움직여야 한다."

오늘 마음이 분주한 건, 사월이뿐이 아니었어요. 목포댁도 여느 때보다 사월이를 재촉했어요. 1597년 9월, 임진년(1592년)에 일본이 조선을 쳐들어와 전쟁이 발발한 지 5년이 지났어요. 진도는 곧 있을 전투로 마을 전체가 긴장된 분위기였어요. 사월이는 태어나서 한 번도 고향 진도

를 떠난 적이 없어요. 진도에서 대대손손 뱃일을 하는 홀아버지와 함께 살며, 나물을 캐서 살림에 보태고 있지요.

그런데, 며칠 전부터 사월이가 사는 동네에 수군들이 들어와 마을 어귀 포구에 자리를 잡더니 목포댁이 사월이를 불러 막사의 주방 일을 도우라고 했어요. 사월이가 목포댁의 부름에 선뜻 응한 것은 주방 일이 산에서 나물을 캐는 일보다 덜 고되기도 하지만, 무엇보다 대감님을 도울 수 있다는 기쁨 때문이었어요.

오늘은 음력 9월 9일, 중앙절로 조선의 큰 명절 중 하나예요. 중앙절을 맞아 제주도에서 올라온 소 다섯 마리를 잡아 장병들에게 잔치를 베풀어요. 장병들을 배불리 먹여 사기를 돋우려는 대감님의 뜻이지요.

사월이는 오늘 새벽같이 일어나 고단했지만, 대감님을 가까이에서 뵐 수 있다는 기대감에 막사로 가는 발걸음이 가벼웠어요. 오늘 잔치 자리에 대감님이 직접 행차하신다는 소식을 들었거든요. 사월이에게 대감님은 멀리서만 봬도 황송한 분이었어요. 왜적의 침략을 번번이 물리친 대감님의 승전 소식은 고달픈 왜란 시기에 유일한 희망이었지요. 대감님은 사월이뿐 아니라 진도 주민, 아니 조선 백성들의 영웅이었어요.

"그런데 지금 우리에게 남은 판옥선이 고작 열두 척뿐이라지? 왜군들은 함대를 수백 척 이끌고 쳐들어올 텐데, 아무리 이순신 대감님이라도 승전할 가망성이 있으려나?"

"수군 장병들이 지난번 칠천량 해전의 패전으로 일본 함대에 대한 공포심을 갖고 있다는구먼. 아, 며칠 전에는 경상우수사 배설이 도주한 일까지 있지 않았던가?"

"그렇다면 우리도 어디론가 피신할 계획을 세워야 하는 것 아닌가?"

마을 어른들이 속삭이듯 나누는 대화에 사월이는 속이 상했어요. 물론 마을 어른들의 우려는 과장된 게 아니었어요. 수군 장병들은 지난 칠천량 해전의 패전으로 사기가 떨어져 있었고, 날씨마저 북풍이 강하게 부는 데다 추위까지 몰려오는 상황이었거든요.

특히 조선에게 남은 배는 겨우 판옥선 열두 척뿐이었지요. 왜군이 수백 척의 배를 이끌고 올 거라는 소문이 파다한 가운데, 누가 봐도 조선이 왜군을 물리치기는 어려워 보였어요. 그래도, 사월이는 이순신 대감님에 대한 믿음이 굳건했어요.

"아재, 작은 힘 하나라도 보태야 하는 마당에 나라를 버리고 도망이라뇨? 더구나 이순신 대감님이 직접 진두지휘를 하실 건데, 조선이 패망할 것이라뇨? 대감님이 한산도에서 학익진으로 왜놈들 물리친 거 모르셔요? 대감님은 왜군을 상대로 한 번도 져본 적이 없다고요!"

"허허, 말이 그렇다는 거지 참……. 어린 녀석이 맹랑하구나."

마을 어른들은 겸연쩍어하며 얼른 자리를 떠났어요. 하지만 사월이도 이번에는 대감님이 무슨 뾰족한 전략으로 일본 함대와 전투를 치를지 걱정이 되기는 했어요.

물길을 묻는 대감님

대감님이 오시자 목포댁은 더욱 잰걸음으로 사월이를 재촉했어요.

"사월아, 대감님 앉으신 상에 고기 좀 더 갖다 드려라. 어서."

사월이는 상으로 고기를 나르며, 곁눈질로 대감님과 장병들이 나누는 대화를 엿들었어요.

"대감님, 왜군이 며칠 내에 쳐들어올 것 같은데, 어디에서 기다려야 할까요?"

"좁은 해협이면 좋겠네. 우리 판옥선은 겨우 열두 척뿐이고, 왜군은 수백 대가 올 걸로 예상되니, 가급적 좁은 해협이 좋을 것 같네. 폭이 좁으면 아무리 많은 수의 전함이 쳐들어와도 한꺼번에 지날 수가 없어서 나누어 공격해 올 수밖에 없을 테니 말이네."

"제가 이 마을 사람들에게 들었는데, 울돌목이란 곳이 물살이 세고 수심이 얕아 배가 지나가기 어렵다고 합니다. 깊이는 평균 약 7자(2m)쯤

되고, 길이는 1리(1.5km) 남짓, 폭은 약 275보(500m)가량 됩니다. 그런데 수심이 얕아 가장자리 30보(50m)쯤은 큰 배가 다니기 어려우니, 결국 배가 지나갈 수 있는 폭은 더 좁아지는 셈이지요."

그때 다른 수군이 말했어요.

"게다가 울돌목 지역은 해협 중간에 위치해 바위에 턱이 많다고 합니다. 그러면 폭은 더 줄어들게 됩니다."

"흠, 그렇다면 울돌목이 좋겠군. 그런데, 지형의 조건만으로 왜군을 상대하기엔 한계가 있어. 날씨와 조류를 잘 활용할 줄 알아야 한다. 이에 대한 정보를 잘 아는 원주민을 섭외하는 게 좋겠지."

"울돌목은 음력 9월 중순인 현재를 기준으로 밀물과 썰물이 3시진(6시간) 단위로 바뀝니다."

사월이는 저도 모르게 말이 튀어나왔어요. 입을 틀어막았지만, 이미 늦었지요. 대감님과 장병들의 일제히 사월이를 보았어요.

"아니, 막사에서 일하는 계집아이 주제에 대감님 말에 끼어들다니?"

장병 중 하나가 나무라자, 대감님이 제지하며 말했어요.

"그 정보, 확실한 게냐?"

사월이는 대감님의 근엄한 목소리에 주눅이 들었지만, 용기 내어 대답했어요.

"저희 아버지가 뱃사람이라 매일 물때를 확인합니다. 저희 아버지는 이 동네에서 물길을 제일 잘 아는 뱃사람이지요."

"허, 그렇다면 울돌목의 물살과 물때에 대해서는 네 아버지에게 물으면 되겠구나. 내일, 아비를 데리고 나를 찾아올 수 있겠느냐?"

대감님의 제의에 놀랐지만, 사월이는 얼른 대답했어요.

"예, 그렇게 하겠습니다."

다음 날, 사월이는 대감님 앞에 아버지를 모시고 갔어요. 그 뒤로도 며칠 동안 아버지는 사월이와 함께 숙영지로 출근해서 대감님과 이야기를 나누며 울돌목의 물살과 해협의 특징에 대한 정보를 전달했어요.

결전의 그날

9월 16일 이른 아침, 드디어 대망의 해전이 펼쳐지는 날이 밝았어요. 마을 사람들은 미리 마을의 가장 높은 곳으로 대피했어요. 그곳에서는 해전이 펼쳐지는 바다가 내려다보였어요. 사월이도 아버지와 함께 마음을 졸이며 그곳에서 해전을 지켜보았어요.

"아니 저게 대체 몇 척이야? 바다를 다 덮은 걸 보니, 수백 척은 되는 것 같네, 그려."

정말 셀 수 없을 만큼 많은 일본의 전함이 마을쪽으로 오고 있었어요. 반면, 조선의 군선은 대감님이 이끄는 대장선과 후방에 배치된 열두 척, 총 열세 척이 전부였지요. 원래 후방에는 열한 척이 있었는데, 이날 전라 우수사 김억추가 배 한 척을 더 가지고 와 합류했거든요.

전투가 시작되자 선두에 선 대장선은 적에게 몇 겹으로 둘러싸여 치열한 싸움을 펼치게 됐어요. 게다가 해협의 조류가 일본 수군에게 유리한 북서쪽으로 흐르고 있어서, 일본 수군은 조류를 등에 업고 빠르게 전진해 왔어요.

"대감님이 괜찮으실까?"

마을 사람들은 발을 동동 구르며 지켜보았고, 아이들과 몇몇 아낙들은 울음을 터뜨렸어요. 사월이 역시 이 광경에 겁이 났지만, 대감님을 믿었어요.

"보세요! 대감님이 말씀하신 것처럼 일본의 전함이 아무리 많아도 좁은 해협을 한꺼번에 진입하지 못하고 있어요. 게다가 일본 전함은 우리 판옥선보다 낮고 작아서 대장선에 쉽게 접근하지도 못하고 있고요."

사월이가 그렇게 말했지만, 수백 척의 일본 전함을 단 열세 척의 판옥선이 상대하기는 수월치 않았어요. 전투가 치열하게 펼쳐진 가운데, 후방에 있던 판옥선 한 척이 일본 전함에 둘러싸이더니 일본 수군들이 그

판옥선으로 기어 올라가 공격하기에 이르렀어요. 그 모습을 보며 사람들은 더욱 가슴을 졸였어요.

"아버지, 어떡해요. 무슨 수가 없을까요?"

사월이가 묻자, 그때까지 묵묵히 지켜보던 아버지가 해를 바라보더니, 조용히 말했어요.

"거의 때가 됐어. 대감님이 조금만 버텨 주시면 돼."

"무슨 때요?"

"물살이 바뀌는 때. 미시(오후 1시)가 넘었으니 이제 슬슬 물살이 변할 거야. 지금까지 조선 수군 쪽으로 바닷물이 흘렀는데 이제 일본군 쪽으로 흘러 나갈 게다. 곧 물살이 동남 방향의 썰물로 바뀌면, 대감님이 이 썰물을 이용해 울돌목에 일본 전함을 가두실 거야."

과연 얼마 시간이 지나지 않아 물살이 바뀌는 것 같더니 일본 전함이 우왕좌왕했어요. 그와는 반대로 대감님이 탄 대장선은 물길을 제대로 타면서 왜군의 전함을 향해 무섭게 돌진했어요.

후방에 있던 열두 척의 판옥선도 대장선에 합류하며 일본 전함을 공격했어요. 밀집되어 있던 일본 전함은 서로 부딪히며 부서지기 시작했고, 조선 수군은 판옥선으로 일본 전함을 부수거나 화력으로 공격했어요.

전세는 역전하여 일본 전함들이 침몰되었고, 일본 수군들은 불에 탄 배에서 도망가기 위해 바닷속으로 정신없이 뛰어 들어갔어요.

"와, 왜놈들이 도망가고 있어!"

사람들이 흥분하며 함성을 지르기 시작했어요. 수백 척의 일본 함선은 울돌목에서 길을 잃고 휘청거렸어요.

사월이 아버지는 눈물을 일렁이며 사월이에게 말했어요.

"사월아, 아버지가 오늘을 위해 수십 년 뱃길 인생을 살았나 보다."

아버지가 기뻐하시는 걸 보니 사월이도 눈가에 눈물이 맺혔어요.

"이순신 대감님, 고맙습니다."

사월이는 바다를 향해 계속해서 중얼거렸어요.

증 인: 『난중일기』와 이순신

전쟁을 기록한 빅데이터

이순신 장군이 남긴 전쟁 기록

『난중일기』는 조선 중기의 무신 이순신이 임진왜란(1592년~1598년) 동안 작성한 일기로, 말 그대로 전쟁 일기야. 여기에는 이순신 장군이 조선의 수군을 이끌며 한산도, 명량, 노량 등지에서 왜병을 무찌르고 조선을 승리로 이끈 2539일간의 전쟁 기록과 군정에서의 생활이 담겨 있어.

일기에는 전투 상황, 군사 훈련, 병사들의 생활뿐 아니라 장군으로서 느낀 감정과 고뇌가 솔직하게 담겨 있지. 7년 간의 전쟁 동안 이순신 장군이 항명죄로 한양으로 압송되어 있던 시기를 빼고는 거의 매일 기록하였으며, 날씨까지 기록되어 있어.

　총 일곱 권으로 구성된 『난중일기』는 후에 조선시대 수군(해군) 연구 뿐 아니라 당시의 정치, 경제, 사회, 문화 연구에 큰 도움이 되었지. 이는 2013년, 개인의 기록물로는 최초로 유네스코 세계기록유산으로 등재되었어.

조선 최고의 명장, 이순신

　1545년에 태어난 이순신은 조선 중기, 조선 수군을 총지휘하며 뛰어난 지략과 용맹으로 임진왜란과 정유재란을 승리로 이끈 무신이야. 이순신 장군은 32세라는 늦은 나이에 관직 생활을 시작했는데, 정치적으로나 경제적으로 든든히 뒷받침해 줄 가문 출신이 아닌 데다, 원칙을 중시하는 성품이라 윗사람들로부터 미움을 받았어.

하지만, 분석력과 준비성이 뛰어난 데다 리더십이 탁월해서 조선 수군을 총지휘하는 장군이 되었어. 세계 4대 해전으로 꼽히는 한산도 대첩을 대승으로 이끌면서 1593년에는 조선 최초의 삼도수군통제사에 임명되었어.

삼도수군통제사는 충청도, 전라도, 경상도의 수군을 총지휘하는 관직이야. 그런데 불행히도 1597년에는 정치적 희생양이 되어 죄인의 누명을 쓰고 모진 형벌을 받기도 했어. 하지만, 이순신 장군의 뒤를 이어 삼도수군통제사가 된 원균이 칠천량 해전에서 대패하고 전사하자, 삼도수군통제사에 재임명되었지.

다시 전투에 나선 이순신 장군은 명량대첩 등 굵직한 해전을 연이어 승리로 이끌었어. 그리고 1598년, 7년 전투의 마지막 해전인 노량해전에서 역시 큰 승리를 거두었지만, 유탄에 맞아 전사했어. 나라를 구한 공을 기리기 위해 1643년에는 이순신 장군에게 '충무'라는 시호(죽은 인물에게 국가가 내려주는 특별한 이름)가 내려졌어.

 **지식플러스+**

임진왜란 3대 대첩

임진왜란 때 일본과의 해전은 7년 동안 최소 23전 이상 펼쳐졌어요. 그 많은 전투에서 이순신 장군은 한 번도 패배한 적이 없어요. 그중에서도 다음 세 개의 전투는 역사에서 중요한 의미를 지닌 '이순신의 3대 대첩'으로 꼽혀요.

+ 한산도대첩 한국사 3대 대첩(살수대첩, 귀주대첩, 한산도대첩)에 꼽힐 정도로 해상 전술이 돋보인 전투예요. 이순신 장군과 조선 수군이 거북선을 내세워 학익진(부채꼴 모양으로 적을 감싸는 전투 방법)을 형성하여 견내량(한산도)에 정박 중인 일본 함대를 꾀어내 포위하여 격파했어요. 이 전투에서 일본 수군은 50척 이상의 전함을 잃고, 큰 타격을 입었어요.

+ 명량대첩 이순신 장군이 일본 전선이 침략한다는 정보를 듣고, 울돌목이라는 좁은 바다에서 일본 함대를 기다리다 벌인 전투예요. 이순신 장군은 울돌목의 좁고 빠른 물길과 조류를 활용하여, 판옥선 13척으로 일본군 함대 133척을 상대로 전투를 벌여 승리했어요.

+ 노량대첩 임진왜란을 종결한 중요한 전투로, 이순신 장군의 생애 마지막 해전이에요. 이순신 장군은 이때 노량해협의 좁고 복잡한 지형과 바람을 활용한 전술을 썼어요. 또 거북선의 장점인 근접전과 화력을 최대한 활용해 일본 함대에 막대한 피해를 입혔어요. 이순신 장군은 조선 수군의 군기를 위해 죽기 전 "나의 죽음을 적에게 알리지 말라."라는 명언을 남겼어요.

빅데이터를 찾았다!

『난중일기』 속 빅데이터

전투에 활용된 해상 데이터

이순신 장군의 전투는 지형, 조류, 바람 등 해상 정보 분석을 바탕으로 한 전술이라는 특징이 있어. 특히 단 13척의 판옥선으로 10배가 넘는 133척의 일본 함대를 상대로 압도적인 승리를 거둔 명량대첩은 울돌목이라는 지형을 중요 전략으로 활용한 전투야.

울돌목은 좁은 폭과 빠른 조류가 특징인 해협이야. 또, 다른 해전 지역과는 달리 조류의 영향도 고려해야 하는 지역이야. 울돌목은 조류가 하루 네 차례, 여섯 시간 간격으로 밀물과 썰물이 번갈아 흐르는데, 이순신 장군은 이러한 해협의 특징과 물살의 변화를 활용하여 해전 전략을 짰어.

이순신 장군은 일본 수군이 공격해 올 것이라는 소식을 듣고, 일부러 울돌목에서 일본 함대를 기다렸어. 일본 수군은 200~300척의 함대를 끌고 왔지만, 좁은 울돌목으로 모든 함대가 들어올 수는 없었지. 그래서 비교적 작은 배인 133척만 울돌목을 통과하여 조선 함대를 공격했어. 그러자, 이순신 장군은 대장선을 선두로 12척의 판옥선이 일자로 편성되는 일자진을 펴도록 명령했어.

전투가 있던 날 새벽은, 물살이 일본에 유리하게 작용했어. 이순신 장군이 선두에서 포를 쏘며 다가오는 일본 함대를 막았지. 오후 1시가 넘어가자 물살이 서서히 조선 해군에게 유리하게 바뀌었어. 조선 수군 쪽으로 흐르던 조류가 일본 함대 쪽으로 세차게 흘렀지. 그러자 밀집되어 있던 일본의 전함은 서로 부딪혀 부서지기 시작했어. 조선 수군은 그 틈을 타 총공격을 감행했고, 일본 함대 200여 척을 격침시켰어. 단, 13척의 배로 이룬 대승이었지.

지피지기 백전불태

정보(데이터)는 그 자체만으로는 힘이 없어. 데이터를 어떻게 활용하는가가 관건이지. 이순신 장군은 전쟁을 치르기 전 치밀하게 우리 군과 적군을 분석했어. 적과 우리의 함선, 무기의 특징을 분석하고, 이러한 분석을 토대로 승리할 수 있는 전술을 생각해 냈어.

임진왜란 당시 일본 함대와 조선 판옥선, 그리고 무기는 각기 특성이 달랐어. 일본 함대는 매우 얇은 판재로 제작되어 가벼운 반면, 조선 판옥선은 소나무로 만들어져 일본 함대에 비해 크고 높았지. 주무기 역시 일본 함대는 조총으로, 사거리가 100보 정도밖에 안 되었고, 판옥선의 주무기는 화포로, 총포에 무엇을 장착하느냐에 따라 여러 용도로 사용되었어. 포를 쏘면 150보부터 1000보까지 날아갈 수 있어서 조총보다 더 멀리 날아갔지. 이순신 장군은 23전의 전투에서 이러한 분석을 통한 전략으로 전승할 수 있었어. 나를 알고 적을 알면, 백 번을 싸워도 위태롭지 않아.

난중일기, 데이터의 가치

『난중일기』는 이순신 장군이 임진왜란 당시 수군을 이끌며 7년 동안 적은 친필 일기야. 전쟁 중 최고 지휘관이 직접 전투 상황을 기록한 사례는 세계적으로도 드물어. 게다가 일본과 명나라까지 참전한 국제 전쟁이었던 임진왜란의 거의 유일한 해전 자료라는 점에서 역사 기록으로서 가치를 인정받고 있지.

  이순신 장군은 『난중일기』에 전쟁 상황뿐 아니라, 일상생활, 주변 사람들 이야기, 개인적인 집안일부터 국가에 대한 충성심, 왜군에 대한 분노 등 개인 감정까지 폭넓게 기록하고 있어. 『난중일기』를 통해 후대는 당시의 정치, 경제, 사회, 군사 등을 엿볼 수가 있지.

지금, 빅데이터는?

데이터 과학을 통한 전략, 전술

4차 산업 시대의 전쟁은, 빅데이터가 무기

4차 산업혁명 시대의 전쟁은 전통적인 무기뿐 아니라 정보와 기술이 핵심 무기가 되고 있어. 특히 빅데이터와 인공지능(AI)은 현대전의 판도를 바꾸고 있지. 최근에 벌어진 우크라이나-러시아 전쟁에서도 군사 정보 수집을 위해 드론, 위성, 레이더 등 다양한 장비가 활용됐어. 이렇게 수집한 데이터를 인공지능 기술로 분석해 적군의 위치와 움직임을 실시간으로 파악하는 거야.

이스라엘-하마스 분쟁에서도 이스라엘은 '사이버 돔'이라는 정보 통합 시스템을 통해 하마스의 미사일 발사 위치를 실시간으로 추적했다고 해. SNS, 휴대전화 통신, GPS 정보 등의 빅데이터를 활용하여 하마스 지휘관의 위치 및 동선을 파악한 거지.

　미국 국방부는 'AI 군사 프로젝트'를 진행 중이야. 드론이 촬영한 영상 수백만 건을 AI로 분석해 사람, 차량, 무기 식별하는 자동화 시스템이지. 이렇듯 현대전에서는 빅데이터를 기반으로 한 사이버 전력이 군대의 주요 전력이 되고 있어.

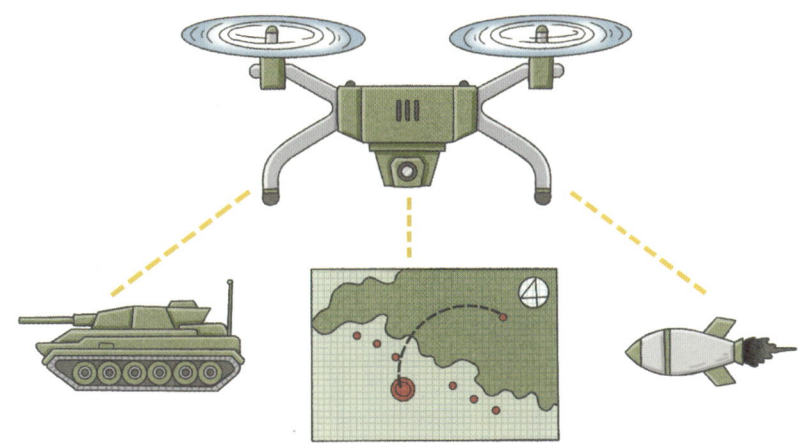

데이터 사이언스

　데이터 과학은 숫자나 글자처럼 컴퓨터에 모인 '데이터'를 잘 살펴보고, 그 안에서 우리에게 도움이 되는 정보와 지식을 찾아내는 일을 말해.

이렇게 찾은 정보에 사람의 경험을 더하면, 앞으로 무슨 일이 일어날지 미리 예측하거나, 어떤 문제를 어떻게 해결하면 좋을지 생각해 볼 수도 있어. 이런 모든 과정을 '데이터 과학(Date Science)'이라고 해. 이순신 장군은 해상 데이터에 자신의 경험을 더해, 적을 무찌를 수 있는 전략 전술을 짠 것이라 볼 수 있어.

데이터 과학은 통계학처럼 데이터를 분석하는 방법도 쓰고, '데이터 마이닝(Date Mining)'처럼 많은 데이터 속에서 규칙을 찾는 방법도 사용해.

아무리 빅데이터라도 그 의미를 잘 모르고 그냥 모아 두기만 하면 쓸모가 없어. 그래서 데이터를 분석하고, 가치 있는 정보를 뽑아내는 사람을 '데이터 사이언티스', 즉, 데이터 과학자라고 불러.

교과서 속 빅데이터 키워드

#임진왜란 1592년부터 1598년까지 약 7년간 조선과 일본 사이에서 일어난 전쟁이에요. 한국과 일본 외에도 중국과 여진족에게 간접적으로 영향을 미친, 역사적으로 중요한 동아시아의 국제전이에요.

제4장

『자산어보』, 살아 있는 조선의 바다생물 사전

물고기를 궁금해하는 이상한 샌님

귀양살이 온 좌랑과 숭어

만석이는 오늘, 오랜만에 뱃일이 일찍 끝나서 엄마를 보러 가기로 했어요. 검은섬(흑산도)에 사는 만석이는 뱃사람인 아버지를 도와, 매일 포구로 나가 물고기를 손질해요. 해녀였던 엄마는, 만석이가 어렸을 때 바다에서 목숨을 잃었어요.

만석이는 엄마가 보고 싶을 때면, 엄마를 집어삼킨 바닷가의 갯바위에 앉아 멍하니 바다를 바라보곤 해요. 오늘도 엄마를 생각하며 바닷가로 향하는데, 평소에 아무도 오지 않는 갯바위에 누군가 우두커니 서 있는 거예요.

'누구지? 저긴 내 자린데.'

가까이 다가가서 보니 뒷모습이 한양에서 귀양살이하러 왔다는 샌님이었어요. 귀신 같은 몰골로 섬에 들어온 샌님은, 조정에서 좌랑까지 올라갔던 양반인데 천주쟁이가 돼 여기 섬까지 추방되었대요. 마을 사람

들은 이 샌님을 경계하며 가까이 하지 않았죠.

"만석아, 너도 행여 그 좌랑인지 죄인인지 하는 자를 마주치면, 무조건 피해라. 응?"

만석이 아버지도 잊지 않고 당부를 하셨어요. 그런 샌님이 만석이가 가장 좋아하는 자리를 차지하고 있다니, 만석이는 식겁해서 모르는 체하고 내려가려고 했어요. 그때, 인기척을 느꼈는지 좌랑이 먼저 아는 체를 했어요.

"너 이 동네 사는 아이지? 마침 잘 왔다. 내 궁금한 게 있었는데, 한참을 기다려도 사람이 오지 않아서 애가 타던 참이었다."

"뭐, 여기 조그만 섬에서는 다 동네 사람이죠. 이 갯바위는 원래 사람들이 잘 안 오는 곳이고요."

만석이가 하는 수 없이 대꾸를 하자, 샌님 양반이 바다를 가리키며 물었어요.

"저기, 저 물고기들 말이다. 숭어 맞지?"

"네, 맞네요. 지금 숭어 철이거든요."

"그런데, 숭어가 아주 영리하구나. 포식자에게 안 잡히려고 풀까지 뒤집어쓰고. 내가 읽은 책에는 그런 내용이 없었는데……. 명색이 청나라에서 건너온 책이었는데 말이다."

만석은 좌랑 양반의 말에 기가 막혀 피식 웃으며 대꾸했어요.

"아니, 세상에 풀을 뒤집어쓰는 물고기가 어디 있대요? 저건 파래나 매생이 같은 물풀들이 달라붙어서 그렇게 보이는 거라고요. 숭어는요,

겨우내 깊은 바다에서 알을 낳고 봄이 오면 얕은 바다로 나오거든요? 원래 민물과 갯물을 오가며 크는 물고기라 몸에 든 염분을 빼기 위해 햇빛에 등을 말린단 말이에요. 그렇게 죽은 듯 떠 있다 보면 물풀들이 달라붙어 자란다고요."

좌랑 양반이 민망해하며 말했어요.

"책에는 그런 내용이 없었는데……. 쩝."

"좌랑 어른도 반나절만 바닷가에 손 넣고 있어 봐요. 파래가 새파랗게 앉을 테니까요."

만석이 농을 건네자, 좌랑이 웃으며 답했어요.

"예끼, 어른을 놀리면 못써."

만석은 좌랑과 농담을 주고받으려니, 천주쟁이라고 다 정신 나간 사람인 것만은 아닌 것 같다는 생각이 들었어요. 그때 좌랑이 말했어요.

"저기, 내가 또 물고기들에 대해 물어볼 게 있는데 말이다. 내일 또 만나서 알려 주련?"

"물고기를요? 흠……, 그렇담, 여기 말고, 포구로 오세요. 매일 아버지 일을 돕거든요. 만석호를 찾아오세요. 제 이름이 만석이예요. 그런데 내일은 말고요. 내일은 비가 올 거라 일을 쉬거든요."

"내일 비 오는 걸 네가 어찌 아느냐?"

좌랑의 물음에 만석이가 멀리 바닷가를 가리켰어요.

"갈매기들이 낮게 날고 있잖아요. 그럼 필시 비가 와요."

"오호, 그렇구나. 그런데 너는 그런 걸 어찌 알고 있느냐?"

"저절로 아는데요. 우리 섬사람들은 다 알아요."

말을 툭 던지고 뒤돌아서는 만석이를 좌랑은 흥미롭게 바라보았어요.

내가 책에서 읽은 청어랑 이곳의 청어는 다르구나

"청어는 뼈마디가 일흔넷이다. 이게 정녕 청어냐?"

"청어 맞다고요. 좌랑 어른이 틀렸어요! 청어의 뼈마디는 쉰셋이에요."

며칠 후, 좌랑은 정말 포구로 와서 물고기에 대해 이것저것 물었어요. 그런데, 좌랑이 자꾸 청어를 청어가 아니라며 우기는 거예요.

"내가 읽은 책에서는 분명히 일흔넷이었다! 무려, 청나라에서 건너온 책이야."

"그건 저쪽 경상도 쪽 청어겠죠. 전라도 청어는 분명 쉰셋이라고요!"

"뭐? 그럼 그 책이 틀렸다는 게냐? 흐음, 같은 청어도 경상도와 전라도가 다를진대, 청나라와도 당연히 다르겠구나."

다음 날도, 그다음 날도 좌랑은 만석이에게 찾아왔어요. 물고기와 해초의 이름과 특징을 묻고, 요리하는 법을 캐묻는 것도 모자라, 심지어 해부를 해 보자고도 했어요. 만석이는 처음엔 귀찮았는데, 좌랑이 별것 아닌 정보에도 신기해하니 신나서 저도 모르게 더욱 열과 성을 다해 설명하게 되었어요.

만석이가 미처 모르는 물고기 지식을 물어 오면, 아버지나 동네 어른들을 소개해 주었어요. 어른들은 처음엔 좌랑을 냉랭하게 대했으나, 좌랑이 하도 끈질기게 구니 마지못해 하나둘, 물고기에 대한 정보를 알려 주었어요.

"아니, 저 좌랑 양반은 책을 많이 읽어서 모르는 게 없는 도사라면서, 물고기에 대해서는 무지랭이더고만. 지난번엔 글쎄, 갯벌에서 일하고 있는데 바지를 걷고 들어와서는 어떤 게 집게냐고 묻더라고. 어찌 셈도 못하는 우리 필구보다도 아는 게 없어."

"대대손손 큰 벼슬을 하던 집안이라던데, 귀양살이 와서도 폼만 잔뜩 잡을 줄 알았더니만. 쯧쯧. 엊그저께는 글쎄, 우리 집에 찾아와 홍어에 대해 묻길래 내 삭힌 홍어를 줬지. 그걸 기어코 먹겠다고 오만상을 찌푸리고 한 입 넣는데, 아주 볼 만했다니까."

좌랑의 허물없는 태도에 마을 어른들도 좌랑에 대한 경계를 점차 풀었어요. 좌랑은 사람들을 만나 들은 이야기를 열심히 책자에 적었어요. 물고기 그림도 그리고, 때로는 물고기 이름을 정하는 데 몇 날 며칠 고민하기도 했죠.

"만석아, 사람들이 장동어나 짱뚱어로 부르는 놈은 '철목어'라고 이름 짓는 게 어떠냐? 눈이 툭 튀어나온 모양을 따 '볼록할 철(凸)' 자를 써서 말이다."

"예에, 짱뚱어 모습과 비슷해 누구나 쉽게 알 것 같네요."

"네 생각도 그렇다니 다행이구나, 허허허!"

맞장구를 쳐 주자 기분 좋아하는 좌랑을 보며, 만석이는 그동안 궁금했던 걸 물었어요.

"그런데 좌랑 어른은 뱃사람도 아닌데 물고기에 대해 알아서 뭐 하실라고요? 그리고 그 물고기 책은 엿 바꿔 먹을 수도 없는데, 어찌 그리 열심히 쓰신대요?"

"청나라의 물고기 말고, 우리의 물고기에 대해 직접 보고

듣고 경험해서 써 보고 싶구나. 이 마을 사람들이 알고 있는 정보가 얼마나 귀한지 아느냐? 특히 여기 검은섬은 따뜻한 바닷물과 찬 바닷물이 마주치는 지역이라 양쪽의 물고기들이 다 잡히잖니. 그만큼 이 마을 사람들은 바다생물에 대해 풍부한 지식을 많이 갖고 있지. 그 귀한 지식을 영원히 남기고 싶구나. 학문이란 사람의 도리만 가르치는 게 아니라, 사람의 생활까지도 바꿀 수가 있단다."

"그럼 좌랑 어른이 쓰시는 책이 우리 검은섬 사람들의 생활도 바꿀 수 있나요?"

"그럼, 물고기를 한 마리 두 마리 연구하다 보면 훗날 집안의 족보처럼 줄줄이 꿰지게 될 거다. 그 족보를 펼쳐 들기만 하면 어느 누구라도 물고기에 대해서만큼은 학자 부럽지 않게 알게 될 거야. 그러다 보면 어부들에게도 큰 도움이 될 테고."

좌랑은 어쩐지 기대에 찬 표정이었어요.

날치 떼를 몰고 온 좌랑

1년 뒤, 좌랑이 그동안 물고기를 연구하고 쓴 '물고기 족보'가 한 권 분량이 되었어요. 좌랑은 이제 제법 물고기에 대해 많은 정보를 알게 되었고, 심지어 만석이가 모르는 사실을 알고 있을 때도 있었죠. 그래서 만석이는 가끔, 자신의 물고기 지식을 일부러 더 뽐내기도 했어요.

"좌랑 어른, 날치는 망종, 산란기에 잡는 거라고 제가 말씀드렸지요? 오늘이 바로 그날이네요. 좌랑 어른도 함께 구경하실 거지요?"

좌랑은 물고기 지식을 뽐내고 싶어 하는 만석이의 속내를 모르는 체하며 물었어요.

"그래, 날치를 어떻게 잡는지 궁금하구나."

"그, 좌랑 어른 '물고기 족보'에도 썼잖아요. '날치는 망종 무렵에 바닷가로 몰려와서 알을 낳는다. 어부들은 횃불을 밝히고 작살로 날치를 잡는다.' 배 앞으로 길게 그물만 내려놓으면 밝은 것을 좋아하는 날치가 절로 그물로 날아드니, 가만히 앉아 코 푸는 격이라니까요."

만석이는 신이 나서 설명했어요.

"만석아, 그런데 날치가 왜 난다고 생각하느냐?"

"그야……. 글쎄요."

만석이가 대답을 못하고 웅얼거리자, 좌랑이 빙그레 웃으며 말했어요.

"적에게 쫓기거나 위험에 처했을 때 날아오르는 거다. 내 '물고기 족보'에도 쓰여 있지 않느냐. 오늘은 그걸 이용해 보는 게 어떨까 싶어 내 어른들에게 미리 말해 둔 게 있다."

"아니, 어떻게 이용을 하나요. 뭘 미리 말해 두셨는지……?"
"이따 밤에 두고 보면 알 거다."
좌랑이 대답 대신 싱긋 웃었어요.

저녁이 되자, 마을 사람들이 모두 포구에 모여 날치잡이를 지켜보았어요. 선주의 지시에 따라 배 위에 있던 사람들과 포구에 있던 사람들이 한꺼번에 횃불을 밝혔어요. 순식간에 검은섬이 대낮처럼 밝아졌죠.
좌랑이 미리 준비시킨 배들이 멀찌감치 포구를 에워쌌다가 점점 횃불이 켜진 포구 쪽을 향해 좁혀 왔어요. 그리고 좌랑이 소리쳤어요.
"삿대를 치게나!"
말이 떨어지기가 무섭게 장정들이 삿대로 바다 물살을 쳐, 요란한 소리가 바다를 뒤흔들었어요. 그러자 날치 떼가 바다 위를 푸드드드 달리다가 날개를 펼치고 밝은 섬을 향해 날아갔어요. 포구로 갑자기 날아드는 수천 마리의 날치 떼를 보며, 사람들은 즐거운 비명을 질렀어요.
배에서 내린 좌랑이 놀라서 입을 떡 벌리고 있는 만석이에게 말했어요.
"책 속에 쓰인 딱 한 줄을 이용했을 뿐인데, 봐라, 사람들의 생활도 바꿀 수 있지 않느냐."

만석이는 좌랑이 왜 그렇게 '물고기 족보'를 쓰는 데 공을 들이는지 어렴풋이 알 것 같았어요.

증인: 『자산어보』와 정약전

직접 체험해서 만든 해양 빅데이터

조선 최초의 해양 생물학 사전

『자산어보』는 우리나라 최초의 해양 생물 사전이라 할 수 있어. 그전에도 중국의 책을 본떠 만들거나 해양 생물의 이름들만 죽죽 나열한 책은 있었지. 하지만 『자산어보』는 바다에서 일일이 물고기와 해초를 채집해 관찰하고 해부해 보고, 심지어 맛까지 보고 얻은 경험에 근거해서 만든 책이야.

『자산어보』는 흑산도(검은섬) 근해의 각종 어류와 수중 식물 총 155종을 린류, 무린류, 개류, 잡류로 분류해 총 세 권에 나눠서 설명해. 린류는 비늘이 있는 어류, 무린류는 비늘이 없는 어류, 개류는 껍데기가 있는 생물, 잡류는 바다 새, 바다 벌레, 바다 짐승 등을 말해. 바다에 사는 생물은 가리지 않고 다양하게 관찰하고 기록한 거지.

    정약전의 동생 정약용은 "그림은 믿을 게 못 되니 오히려 글로 자세히 서술하는 게 더 나을 듯하다."라고 조언했고, 정약전은 이를 받아들여 그림을 그리지 않고 글로만 해양 생물을 설명했어.

대신 아주 자세히 기록하고 있어. 각 생물의 요리법, 약이 되는지 독이 되는지 같은 쓰임새뿐 아니라, 물고기가 이동하는 경로와 시기까지 적어 두었어.

정약전은 당시 학자들이 쓴 다른 책들과는 달리 양반 중심의 지식이 아닌, 백성의 생활과 직접 맞닿는 내용을 적었어. 당장 생활에 적용할 수 있을 정도로 사실적인 정보들이었지. 그래서, 글만 읽을 수 있으면 누구나 정보를 쉽게 얻을 수 있었어. 덕분에 『자산어보』는 어민들의 삶에 큰 도움이 되었지.

'인간 평등'을 주장하다 유배당한 정약전

1758년에 태어난 정약전은 정조 시대, 병조 좌랑이라는 높은 벼슬까지 올라 임금의 신임을 받은 실학자야. 실학자는, 실용적인 학문인 실학을 따르던 조선시대 학자를 말해.

정약전은 조선에 들어온 천주교를 처음 알게 되면서 이 새로운 학문에 온통 마음을 빼앗기게 되었어. 천주교는 17세기 무렵 '서학'이라는 이름으로 처음 조선에 들어왔어. 천주교는 계급 사회였던 조선시대에는 받아

들여질 수 없었던 '인간 평등' 사상을 전파했어. 18세기 후반부터 정약전 같은 실학자들이 천주교를 따르기 시작하면서 세력이 커지자, 이를 경계한 조선왕조는 천주교를 박해하기 시작했어.

1901년(순조 원년), 조선왕조가 천주교를 최초로 크게 박해한 사건이 발생해. 이를 '신유박해'라고 해. 정약전 역시 '신유박해'로 벼슬을 잃고, 섬으로 유배를 갔어. 흑산도(검은섬)는 정약전이 유배를 간 외진 섬이야.

흑산도에서 정약전은 유배당한 슬픔에만 빠져 있지 않았어. 마을 사람들과도 잘 어울리고 '복성재'라는 서당을 지어 아이들을 가르치기도 했

흑산도

어. 그리고 유배당한 지 16년이 되던 해, 60세의 나이로 세상을 떠났어.

정약전은 같은 이유로 유배 생활을 하며 『목민심서』를 집필한 실학자 정약용의 형이야.

근대화의 밑거름, 실학

조선은 17세기 후반까지 고려 말에 중국에서 들어온 성리학이라는 학문을 중요하게 여겼어요. 하지만 성리학은 인간 본성이나 도덕과 관련한 이론을 공부하는 학문이라 백성의 실생활과는 거리가 있었어요. 그러던 중 조선은 임진왜란과 병자호란 같은 큰 전쟁을 겪었고, 이 시기에 청나라를 통해 서양 문명이 들어오게 되었어요. 이런 변화 가운데 17세기 후반에서 19세기 전반에 걸쳐 조선에서는 현실을 바탕으로 사람들의 삶에 도움이 되는 학문인 실학이 나타났어요. 실학자들은 양반 중심의 사회를 비판하며, 백성들에게 도움이 되는 개혁을 주장했어요. 예를 들어, 농민들을 위해 토지 제도를 고치자고 하거나, 상공업과 기술 발전을 중요하게 생각했어요. 또 어떤 실학자들은 천주교를 통해 사람은 모두 평등하다는 생각도 받아들였어요. 실학은 과학, 기술, 교육, 경제 등 다양한 분야에서 변화를 이끌었고, 나중에는 근대 사회로 나아가는 길에 큰 영향을 주었어요. 대표적인 실학자로는 유형원, 정약용, 정약전, 박지원 등이 있어요.

『우리 고전에서 찾은 빅데이터 이야기』 교과 연계

	과목	학년	단원
제1장 『동의보감』, 조선인을 위한 의술의 모든 정보	과학	3-2	4. 감염병과 건강한 생활
	사회	3-1	1. 우리 고장의 모습
	사회	5-2	1. 옛사람들의 삶과 문화
제2장 『승정원일기』, 288년의 날씨 기록	과학	5-2	3. 날씨와 우리 생활
	과학	6-2	2. 계절의 변화
	사회	3-1	1. 우리 고장의 모습
	사회	3-2	2. 우리 고장의 문화유산
	사회	5-2	1. 옛사람들의 삶과 문화
제3장 『난중일기』, 임진왜란 해전 전략의 근거	실과	5	프로그래밍으로 통하는 디지털 세상
	실과	6-6	인공지능과 로봇의 만남
	사회	3-1	1. 우리 고장의 모습
	사회	5-1	1. 국토와 우리 생활
제4장 『자산어보』, 살아 있는 조선의 바다생물 사전	과학	4-1	4. 다양한 생물과 우리 생활
	과학	5-2	2. 생물과 환경
	사회	3-2	2. 우리 고장의 문화유산
	사회	5-2	1. 옛사람들의 삶과 문화
제5장 〈대동여지도〉, 우리 땅에 관한 상세한 기록	실과	5	프로그래밍으로 통하는 디지털 세상
	실과	6-6	인공지능과 로봇의 만남
	사회	5-1	1. 국토와 우리 생활
	사회	중1	다양한 지도 읽기
제6장 『목민심서』, 올바른 행정의 기본 데이터	실과	5	프로그래밍으로 통하는 디지털 세상
	실과	6-6	인공지능과 로봇의 만남
	사회	3-2	2. 우리 고장의 문화유산
	사회	5-2	1. 옛사람들의 삶과 문화

생각하는 어린이 시리즈 사회편

동물에서 찾은 환경 이야기

김보경, 지다나 글 | 이진아 그림

★ 키워드 : 환경, 쓰레기, 플라스틱, 멸종 동물

전염병에서 찾은 민주주의 이야기

고수진, 지다나 글 | 조예희 그림

★ 키워드 : 전염병, 인권, 민주주의, 역사, 사회, 차별

★ 2024년 한우리 독서토론 논술 추천도서

유튜브에서 찾은 경제 이야기

황다솜 글 | 이진아 그림

★ 키워드 : 유튜브, 경제, 시장, 공급, 수요, 생산, 소비, 판매, 광고, 세금, 소득

도서관에서 찾은 인권 이야기

오은숙 글 | 이진아 그림

★ 키워드 : 도서관, 책, 인권, 역사, 사회, 차별

★ 2023년 한우리 독서토론 논술 추천도서

축제에서 찾은 동물권 이야기

서민 글 | 박선하 그림

★ 키워드 : 동물보호, 생태계, 멸종 위기종, 축제, 경마, 투우, 고래 사냥

세계 마을에서 찾은 공동체 이야기

김미현 글 | 김소희 그림

★ 키워드 : 공동체, 협동, 위기극복, 경제, 주거, 식량, 에너지, 공동육아

쓰레기에서 찾은 불평등 이야기

하영ری 글 | 이진아 그림

★ 키워드 : 쓰레기, 불평등, 핵폐기물, 플라스틱쓰레기, 재활용, 우주쓰레기

스마트폰에서 찾은 디지털 시민 이야기

황다솜 글 | 이진아 그림

★ 키워드 : 스마트폰, 온라인, 디지털 시민, 메타버스, 개인정보, 뉴미디어, 관계

전쟁에서 찾은 세계 지리 이야기

김정희·양수현 글 | 박선하 그림

★ 키워드 : 전쟁, 지리, 지도, 분쟁, 영토, 자원, 반전

식탁에서 찾은 세계 시민 이야기

유소라·조윤주 글 | 이진아 그림

★ 키워드 : 세계시민, 음식, 빈곤, 기아, 불평등, 차별, 아동노동, 기후, 동물복지

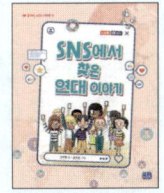

SNS에서 찾은 연대 이야기

김미현 글 | 송진욱 그림

★ 키워드 : SNS, 소통, 연대, 기후위기, 난민, 민주화, 쓰레기

인터넷에서 찾은 미디어 리터러시 이야기

홍미선 글 | 차차 그림

★ 키워드 : 인터넷, 미디어, 인공지능, 게임, 리터러시, 이해력

생각하는 어린이 시리즈 사회편

한국사에서 찾은 다문화 이야기
강미숙 글 | 김석 그림

★ 키워드 : 다문화, 이주 여성, 다문화 가정, 외국인 근로자, 이민, 난민, 유학생, 다양성

음식에서 찾은 공정한 경제 이야기
김미현 글 | 에이욥 그림

★ 키워드 : 공정경제, 공정여행, 공정무역, 플랫폼 노동, 공정한 경제, 금융, 무역, 윤리적 소비

우리 가족에서 찾은 노동 인권 이야기
오은숙 글 | 이국현 그림

★ 키워드 : 노동인권, 가족, 노동, 인권, 노동 3권, 헌법, 근로기준법

★ 2025년 한우리 독서토론 논술 추천도서

교실에서 찾은 법 이야기
하영희 글 | 히쩌미 그림

★ 키워드 : 법, 헌법, 형법, 민법, 공정, 평등, 죄, 벌

생각하는 어린이 시리즈 과학편

메타버스에서 찾은 뇌과학 이야기
고수진 글 | 박우희 그림

★ 키워드 : 메타버스, 가상현실, 뇌과학, 디지털, 사이버, 게임

우리 집에서 찾은 생태계 이야기
박영주 글 | 편히 그림

★ 키워드 : 자연, 생태계, 도시 생태, 곰팡이, 산불, 지구 온난화, 야생 동물, 해충, 익충, 도시 농부

음식에서 찾은 화학 이야기
정순 글 | 예슬 그림

★ 키워드 : 음식, 화학, 조미료, 캐러멜화, 갈변현상, 발효, 중화반응, 혼합물

동물에서 찾은 파동 이야기
고수진 글 | 김석 그림

★ 키워드 : 동물, 파동, 진동, 주파수, 지진파, 물결파, 중력파, 빛, 가시광선

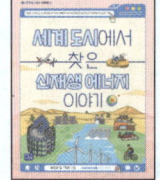

세계 도시에서 찾은 신재생 에너지 이야기
유소라 글 | 지수 그림

★ 키워드 : 동물, 파동, 진동, 주파수, 지진파, 물결파, 중력파, 빛, 가시광선

곤충에서 찾은 기후 위기 이야기
박영주 글 | 갈맹이 그림

★ 키워드 : 기후 위기, 말라리아모기, 호리비단벌레, 메뚜기, 대벌레, 나비, 빈대

빅데이터를 찾았다!

『자산어보』 속 빅데이터

어민들의 지식을 모은, 해양 생물학 사전

정약전은 흑산도 주민들이 바다생물에 관해 해박한 지식이 있다는 걸 알고, 이를 널리 알릴 목적으로 책을 집필했어. 그러기 위해서 먼저 주민들이 알고 있는 해양 지식을 모두 조사하기 시작했지. 또, 자신이 가르치는 서당의 학생을 데리고 직접 포구, 갯바위, 모래사장 등 섬 여기저기를 돌아다니며, 다양한 바다생물에 대한 표본과 자료를 수집했어. 마치 현대의 생물학자처럼 말이야!

정약전은 어부를 만나면 물고기의 형태나 습성에 관해 물었고, 해녀에게는 해삼과 멍게에 관한 정보를 캐냈어. 이렇게 직접 수집한 바다생물에 대한 자료를 모아 정리한 후, 특성에 맞게 분류했지. 정약전이 몸소 체험해서 알게 된 지식과 흑산도 주민들이 원래 알고 있는 지식이 합쳐져 하나의 방대한 책(빅데이터)이 된 거야.

『자산어보』의 분류법

데이터는 어떻게 활용하느냐에 따라 가치가 더해지지. 자료를 모으고 분류를 하는 일은 빅데이터를 만드는 중요한 방식이야. 정약용은 수집한 해양 생물(데이터)을 종류별로 나누어 설명했어. 어류의 종류를 네 개의 대분류로 나누고 대분류는 또 각각 항목으로 나누었지. 린류 20항목, 무린류 19항목, 개류 12항목, 잡류 4항목, 도합 55항목으로 분류해 놓은 거야.

정보를 분류하기 위해서는 먼저 데이터가 충분해야겠지. 또 수집된 정보를 어떤 기준으로 분류할지를 정하는 것도 보통 일은 아닐 거야. 그런데 정약전은 물고기 한 종류, 해초 하나에 관한 정보를 일일이 취재해서 그 특징을 기록하고, 공통점과 다른 점을 찾아 분류 기준을 만들었어.

이러한 『자산어보』의 분류법은 오늘날의 분류법에 비해서는 별것 아닌 것처럼 보일 수도 있지만, 당시로서는 매우 뛰어난 것이었어. 이는 1700년대 스웨덴의 식물학자 칼 폰 린네가 한 분류와 비슷해. 칼 폰 린네는 생물 분류학의 기초를 놓는 데 결정적인 기여를 해 '식물학의 시조'라고 불리거든.

『자산어보』, 데이터의 가치

『자산어보』는 19세기 초 당시 흑산도 연안에서 서식했던 한국의 토종 어류와 갑각류 등의 명칭, 분포, 생태, 유용성에 대해 자세히 서술하고 있어. 예를 들어 치어에 관해서는 이렇게 설명해 놓았어.

"큰 놈은 길이가 5~6자 정도다. 머리는 편평하고 몸은 둥글다. 검은색을 띠고 있지만 배는 희다. 눈은 작고 노란색이다. 성질은 의심이 많고 위험을 피하는 데 민첩하다. ……고기 맛은 달고 깊어서 물고기 중에서 최고다. 잡는 데 특별히 정해진 시기는 없지만, 음력 3~4월에 알을 낳기 때문에 이때에 그물로 잡는 경우가 많다."

이렇게 살아 숨 쉬는 듯한 글들은 해양 생물 지식을 전달할 뿐 아니라, 우리나라의 전통 역사나 지리를 탐구하는 데에 많은 도움이 되고 있어. 오늘날에도 많은 학자들이 토종 해양 생물이나 자연사에 대한 정보를 찾기 위해 『자산어보』를 참고할 정도지.

지금, 빅데이터는?

집단지성으로 완성하는 해양 생물 빅데이터

사용자들의 데이터를 모으는 방식, 크라우드 소싱

정약전이 주민들의 데이터를 한데 모아 『자산어보』를 쓴 것처럼 사람들의 지식과 데이터를 모으는 방식을 오늘날 '크라우드 소싱'이라고 해. 크라우드(crowd, 대중)와 아웃소싱(외부 자원 활용)의 합성어로, 전문가가 아닌 일반 대중의 지식, 노력, 창의성 등을 인터넷을 통해 모아 문제를 해결하거나 프로젝트를 수행하는 방법이야.

소수의 전공자들이 지닌 전문 지식보다는 다수 대중의 아이디어, 즉, 집단지성의 힘을 이용하는 거지. 『자산어보』를 쓸 때 정약전은 전문가보다는 다수의 흑산도 주민들의 지식을 모았어.

현대 사회에서는 주로 기업에서 제품을 출시할 때 제품 디자인이나 마케팅, 콘텐츠 등에 관한 아이디어를 얻고자 크라우드 소싱을 활용해.

크라우드 소싱은 전문가들이 풀지 못하는 어려운 문제를 풀 때도 사용하지. 1989년, 대형 유조선이 알래스카를 지나던 중 암초에 부딪혀 좌초된 적이 있었는데, 이 사고로 어마어마한 기름이 알래스카 해안을 덮쳤어. 20년 동안 전문가들이 이 문제를 해결할 수 없었는데, 크라우드 소싱을 통해 평범한 시멘트 회사의 직원이 낸 아이디어로 20년 만에 문제를 해결한 적이 있어.

정약전은 해양 생물에 관한 지식을 모으기 위해 직접 발로 뛰어야 했기에, 그 범위가 흑산도를 벗어나지 못했어. 그렇지만 오늘날엔 인터넷을 이용해 전 세계 모든 대중의 지식을 한데 모을 수 있게 됐지.

검색 엔진부터 챗GPT까지

우리는 모르는 정보가 있으면 바로 인터넷에 접속해서 검색을 하지. 오늘날은 인터넷에 거의 모든 분야의 백과사전이 들어 있어. 그럼 인터넷에는 어떻게 정보가 다 담겨 있는 걸까? 바로 수많은 데이터가 축적된 빅데이터가 있기 때문이야! 이렇게 빅데이터를 활용해 정보를 찾아 주는 컴퓨터 시스템을 검색 엔진이라고 해.

그리고 빅데이터를 AI 기술과 결합해 대화형으로 만든 프로그램이 챗GPT야. 챗GPT 역시 인터넷상의 데이터를 수집한 내용을 바탕으로 지식을 전달할 뿐 아니라, 더 나아가 업무를 돕거나 친구 같은 역할을 하기도 해. 챗GPT는 정약전이 쓴 『자산어보』도 학습했을 거야.

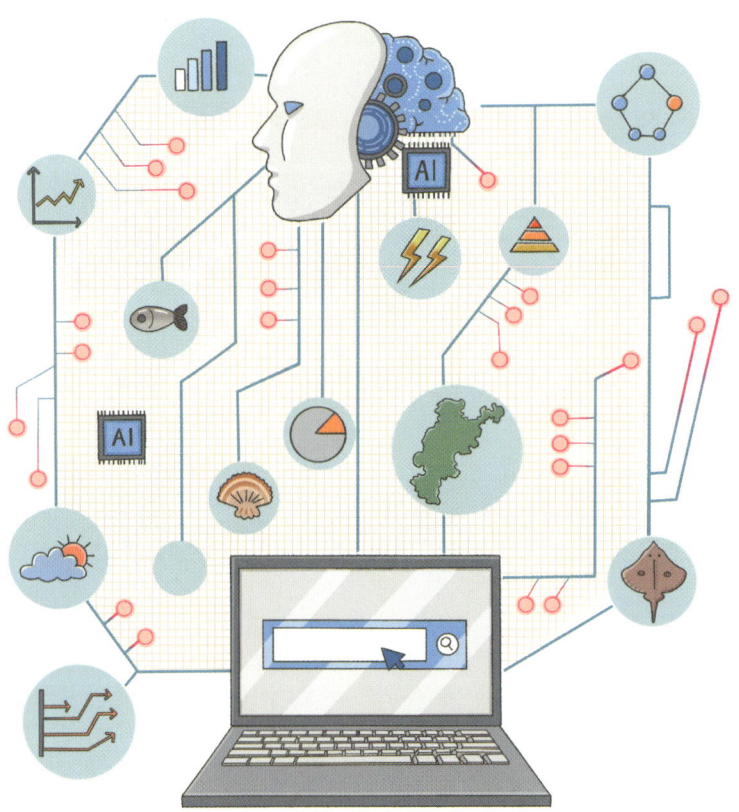

현대의 해양 생물 빅데이터

지금은 해양 생물을 해양 동물, 해양 식물, 해양 조류와 미생물, 균류 등 아주 다양한 종류로 분류해 데이터화해서 관리하고 있어. 해양 생물종은 계속 발굴 중인데, 새로운 생물이나 아직 기록되지 않은 생물을 채집하게 되면 먼저 그게 어떤 종류로 분류될 수 있을지를 정확히 밝혀. 그러고 나서는 생물이 서식하는 위치와 정보, 채집자와 시기 등을 기록하여 데이터베이스를 만드는 거지.

해양 생물 데이터는 누구나 확인하고 활용할 수 있도록 보기 편한 방법으로 목록화하여 정리하는데, 이렇게 검색 도구를 갖춰 정보를 제공하는 것을 '인벤토리'를 구축한다고 말해.

2023년에 우리 바다의 모든 해양수산생물 정보를 담은 『2023 국가 해양수산생물종 목록집』이 출간되었어. 여기에 실린 우리나라 해양 생물은 총 1만 5198종이야! 이 목록집은 누구나 해양생명자원통합정보시스템 누리집(www.mbris.kr)에서 열람할 수 있어.

교과서 속 빅데이터 키워드

#갯벌 밀물 때는 물에 잠기고 썰물 때는 물 밖으로 드러나는 모래 점토질의 평탄한 땅을 말해요. 우리나라는 서해안과 남해안에 갯벌이 넓게 펼쳐져 있어요.

#실학 조선 후기 학자들이 백성의 생활에 도움이 되는 현실적인 학문을 연구하던 사상이에요. 관념적인 사상이나 이론보다 농사, 상업, 기술 같은 실제 생활에 쓸모 있는 것을 중요하게 여겼어요.

제 5장

대동여지도,
우리 땅에 관한 상세한 기록

백성 누구나 사용할 수 있는 정확한 지도

순이를 골탕 먹인 지도

"헉, 헉."

조금만 더 올라가면 목적지가 있다고 생각하니 순이는 젖 먹던 힘까지 짜낼 수 있었어요. 이 산등성이만 넘으면 늪이 있고, 그곳에 아버지를 낫게 할 약초가 있다고 했어요. 아버지 얼굴을 떠올리자, 순이는 하나도 힘들지 않았어요.

드디어 산등성이를 넘었어요. 그런데 늪이 보여야 할 자리에 소나무 숲이 펼쳐져 있었어요. 좌절한 순이는 철퍼덕 주저앉아 손에 든 종이를 펼치며 중얼거렸어요.

"분명 이 지도에는 늪이라고 되어 있는데. 설마 지도가 잘못된 건가?"

순이는 혹시나 하고 지도를 뚫어져라 보고, 또 주변을 몇 번이고 두리번거렸어요. 아무리 봐도 늪이 안 보이자 화가 났어요.

"아니, 설마 주인 어멈이 날 속인 건가? 그 큰돈을 받아 놓고! 아버지

약초를 캐야 하는데, 어쩌지?"

순이는 보부상인 아버지를 따라 조선 전국 팔도를 다니며 장사를 돕고 있어요. 그런데, 이곳 울릉도에 와서는 아버지가 해산물을 잘못

먹었는지 며칠째 열이 나서 몸져누워 있어요. 의원을 불러 묻자, 약초를 직접 캐서 달여 먹으면 나을 수 있다는 거예요.

순이와 아버지가 묵고 있는 객주의 어멈이 그 말을 옆에서 듣고는 약초를 캘 수 있는 장소가 있는 지도를 구해 줄 수 있다고 했어요. 지도는 나라에서 관리했기 때문에, 일반 백성들이 지도를 구하고 싶으면 돈을 내고 사야 했지요. 지금 순이가 들고 있는 지도는 며칠 동안 번 돈을 객주 어멈에게 건네며 부탁해 받은 거예요. 어멈에게 속았다고 생각하니, 억울함에 눈물이 났어요.

"이놈의 엉터리 지도 같으니라고!"

순이는 지도를 구기며 분통을 터뜨렸어요. 씩씩대며 산등성이를 다시 내려간 순이는 객주에 들어서자마자 주인 어멈을 찾았어요.

"주인 어멈! 어리다고 날 무시하는 거예요? 이 엉터리 지도를 그렇게 비싼 값에 팔다니! 힘들게 산등성이를 올라갔더니 약초는커녕 소나무 숲만 있던데요?"

순이는 객주에 들어서자마자 어멈에게 구겨진 지도를 내밀며 따져 물었어요. 어멈은 당황하는 듯하더니, 도리어 큰소리를 쳤어요.

"그 지도를 내가 만들었나? 난 그저 중간에서 구해다 준 죄밖에 없어. 따지려거든 저기 아랫마을 새책점에서 일하는 만수에게 따지렴. 걔가 그린 지도니까."

"제 돈을 받은 사람은 어멈이니까, 만수라는 사람에게 다시 잘 그려 달라고 해 주세요."

어멈은 순이가 내미는 지도를 기어코 받지 않으려고 했어요.

"아니, 이미 거래가 끝난 것을……. 나는 물건이 필요한 사람과 파는 사람 연결만 해 주지 그다음 일은 모른다."

순이와 어멈이 지도를 두고 옥신각신하다가 그만 바닥에 떨어뜨리고 말았어요. 그때, 어느새 객주에 들어왔는지 웬 사내가 지도를 주워 순이에게 건넸어요. 사내의 행색을 보아하니 관아에서 나온 사람 같았어요.

"이 귀한 지도를 이렇게 함부로 하면 쓰나."

"귀하긴 뭐가 귀해요. 날 골탕 먹인 엉터리 지도라고요! 그런데 나리는 누구세요?"

사내는 맹랑한 순이의 태도에 잠시 당황하더니 어멈에게 말했어요.

"오늘 밤 묵을 수 있는 빈방 있습니까?"

"암요. 저 끝방에 묵으면 됩니다요. 식사도 하셔야지요? 국밥 하나 내올 테니 좀만 기다리시지요."

어멈이 손님을 맞이하며 서둘러 부엌으로 들어갔어요. 여전히 분이 안 풀려 씩씩대고 있는 순이에게 사내가 말을 걸었어요.

"그 엉터리 지도 좀 내가 볼 수 있을까?"

순이는 쭈뼛거리며 구겨진 지도를 사내에게 건넸어요. 사내는 지도를 유심히 보더니 말했어요.

"지도를 베껴 그리다 보면 틀리는 일이 부지기수지. 이 지도에 나온 곳이 혹시 이곳이더냐?"

사내는 자신의 행랑을 뒤적이더니 지도 하나를 꺼내 건넸어요. 순이가 가진 지도보다 훨씬 상세하고 정확했어요.

"맞아요! 이 산등성이 너머에는 늪이 아니라 소나무 숲이 있어요. 이 지도는 정확하네요! 이 지도, 어디에서 구한 거예요, 나리?"

"이 산 주인 집안에서 얻은 가장지도란다. 자신의 땅이니, 정확하게 그린 지도를 소유하고 있지."

"저, 그럼 이 마을 다른 곳 지도도 갖고 있나요? 제가 아버지 약초가 있는 늪을 찾아야 하거든요."

"있긴 하다만, 값이 꽤 할 텐데."

사내의 말에 순이의 표정이 침울해졌어요.

"이미 이 엉터리 지도를 산다고 돈을 많이 썼는데……. 제가 뭐든 할게요! 저희 아버지가 전국을 떠도는 보부상이니 갖고 싶으신 게 있으면 나중에 구해 드릴 수 있어요."

사내는 순이의 아버지가 보부상이라는 말에 표정이 바뀌었어요.

"그럼 너도 아버지를 따라 전국을 누비는 게냐?"

"네. 이곳 울릉도도 아버지가 물건을 팔러 왔다가, 몸져눕게 되는 바람에……. 그래서 약초를 캐러 늪에 가려고 지도를 구했던 거였어요."

사내는 잠시 생각하는 듯하더니, 말했어요.

"물건은 필요 없고, 내일 나를 따라다니며 도와주련?"

"그럼요, 지도만 얻을 수 있다면 뭐든 할게요!"

순이는 냉큼 대답했어요.

정확한 지도를 찾아서

"너는 이것들을 챙겨서 나를 따라다니면서 측량을 해 주면 된다."

다음 날 아침, 객주 마당에서 다시 만난 사내가 내민 것은 새끼줄, 노끈 같은 것들이었어요. 사내는 두꺼운 책자를 챙겨 와서는 마을 곳곳을 돌아다니면서 순이가 잰 거리를 기록했어요. 순이는 사내가 시키는 대로 새끼줄과 노끈을 들고 거리를 쟀고, 때로는 보폭을 이용해 몇 걸음 길이인지 재기도 했어요.

"나리님, 그건 혹시 지도인가요?"

잠시 쉬는 틈을 타, 순이가 책자를 가르키며 물었어요.

"그래, 내가 그렸지. 사람들은 나를 지도쟁이라고 부르기도 하더구나. 이건 내가 만든 〈청구도〉라는 지도인데 여기 울릉도는 자료가 충분치 않아서 이렇게 직접 와 본 것이란다."

"그럼 나리님은 조선 팔도를 일일이 다 돌아다니면서 지도를 만드시나요?"

"어허, 그러다가는 내 평생을 다녀도 지도를 완성하지 못할 게다. 난 이미 제작된 수많은 지도들을 참고하고 연구해서 지도를 만든단다. 고려시대 지도부터 각 지역의 관찬 지도도 참고하고, 내가 어제 보여 준 것 같은 가장지도도 참고하지. 그런데 여기 울릉도처럼 자료가 부족한 지역은 직접 와서 측량해 수정하기도 한단다."

"고생이 많으시네요. 지도 그리시는 분을 직접 봬서 하는 말인데요, 사실 엉터리 지도가 너무 많아요. 우리 아버지도 간혹 지도를 구해서 다니기도 하는데, 틀린 정보가 너무 많아 엉뚱한 길로 들어선 적이 한두 번이 아니었어요. 제가 이번에 허탕을 친 것도 그렇고요."

"네 말이 맞다. 조정에서 만드는 지도는 전국 각 지방 관아에게 지도를 그려 오라고 해서 합치는 거란다. 그런데 다들 종이 한 장에 자기 지역을 대강 그려 보내곤 해. 두 고을인데도 서로 연결도 안 되기 일쑤고,

같은 크기의 종이에 저마다 자기 마을을 그리다 보니, 작은 마을은 크게 그려지고, 큰 고을은 상대적으로 작게 묘사될 수밖에 없지."

"세상에, 그럼 처음부터 엉망으로 만들어진 지도였군요?"

"게다가 지도가 필요한 자들은 관청에 모여서 그 지도를 보고 직접 베끼는데, 대강 그리거나 틀리게 그리기 일쑤지. 네가 산 그 지도도 아마 만수라는 사람이 대강 그려서 틀렸던 걸 게다."

"아까 나리님이 들고 다니시는 지도책을 잠깐 봤는데, 다른 지도와는 좀 달라 보였어요. 지도 위에 무슨 선이 그어져 있던데요?"

"지도에서 가장 중요한 건, 일정한 기준이야. 모든 지형을 같은 크기로 줄여서 그려야 지도가 정확하니까. 이 〈청구도〉에는 종과 횡으로 일정한 간격의 줄을 그어 거리를 정확하게 나타내려 했단다."

"그나저나 이제 날도 저물었는데, 약속하신 지도는 언제 주실 거예요?"

"허허, 역시 야무지구나. 어차피 오늘은 약초 캐러 가기 힘드니까, 객주에 들어가서 목 좀 축이고 주마. 오늘 저녁은 내가 살 테니 국밥 양껏 먹으렴."

백성 누구나 쉽게 얻을 수 있는 지도

　두 사람은 객주로 돌아와 어멈이 내주는 국밥을 먹었어요. 상을 물리고는 툇마루에 앉았을 때, 사내는 순이에게 지도 한 장을 꺼내 줬어요.
　"이건 관청에서 관리하는 이 지역의 지도란다. 이걸 들고 한양으로 올라가서 내 지도 만드는 데 사용해야 하니, 필요한 부분을 보고 잘 베껴 보아라."
　사내가 내민 지도를 어멈이 옆에서 유심히 들여다보더니, 한곳을 가리키며 말했어요.
　"약초를 캘 수 있는 곳이 여기, 여기구먼. 그 만수 놈이 진짜 잘못 그려 줬네, 쯧쯧."
　어멈은 순이의 눈치를 보며 한마디 더 했어요.
　"그, 그렇다고 내가 돈을 돌려줄 수는 없고, 숙박비는 내 받지 않으마."
　그러고는 휑하니 부엌으로 들어갔어요. 어멈의 말에 사내와 순이가 눈을 찡긋하며 웃었어요. 순이는 어멈이 가리켰던 곳을 중심으로 그 주변을 꼼꼼하게 베껴 그렸어요. 어느 한곳이라도 틀릴세라 노심초사하며 그리다가 어느 순간 붓을 탁, 하고 놓아 버렸어요.
　"어휴, 내가 붓쟁이도 아니고, 똑같이 그린다는 게 정말 어렵네요."

"그러니 지도가 베끼는 사람마다 다를 수밖에. 직접 관청에 가서 지도를 빌려야 하는 일도 여간 번거롭지 않으니 너처럼 비싼 돈을 주고 베낀 지도를 사야 하고 말이야. 누구나 쉽게 필요한 부분만 나눠서 들고 다닐 수 있으면 좋을 텐데. 게다가 값싸면 더욱 좋고."

순이는 다시 지도 그리는 데 집중하며 말했어요.

"정확한 지도를 찍어내듯 할 수 있으면 좋을 텐데 말이에요."

사내가 기다렸다는 듯 반갑게 응수했어요.

"그래서, 내가 그런 지도를 만들고 있단다."

사내의 말에 순이가 붓을 멈추고 물었어요.

"아니, 나리님이 무슨 환술을 부리는 것도 아닐 테고, 그런 지도를 어떻게 만들어요?"

"목판 기술로 만들 수 있지. 목판본을 만들면 백성들이 지도를 필사하는 수고로움을 덜 수도 있고, 필요한 부분만 지니고 다닐 수도 있을 게야."

"그런 지도가 있다면 우리 아버지도 덜 고생하실 것 같아요. 빨리 만들어 주세요. 그런데, 혹시 나리님 존함을 여쭤봐도 될까요?"

"산의 뿌리를 찾는 자, 고산자, 김정호라 한다."

사내는 자신의 이름을 말하고 조용히 말을 이어갔어요.

"그리고 내가 지금 새로 만들고 있는 목판 지도는 조선을 의미하는 '대동'을 써서 〈대동여지도〉라고 부를 테다."

판화로 제작한 조선의 지리 데이터

누구나 사용할 수 있는 지도, 〈대동여지도〉

〈대동여지도〉는 1861년 조선의 지리학자 김정호가 제작한 한반도의 지도야. 이 지도는 목판으로 판화 작업을 거쳐 제작했어. 판화에 먹을 발라 종이로 찍기만 하면 같은 지도를 여러 장 만들 수 있었기 때문에 지도를 손수 베껴 그리던 당시로서는 획기적이었어.

〈대동여지도〉는 김정호가 편찬한 〈청구도〉와 〈동여도〉를 비롯해 그전에 그려진 각종 지도와 지리지를 참고해 만들었어. 〈대동여지도〉의 실물 크기는 높이 7m에 가로 3m로 아주 커! 이 큰 지도를 들고 다닐 수 없었기 때문에 김정호는 〈대동여지도〉를 200여 개의 조각으로 나눠서 제작한 뒤 다시 연결하여 접었다가 펼칠 수 있도록 만들었어.

지도를 같은 크기로 나누어서 남과 북으로 22층, 동서로 19면으로 구성하여, 실제 면수는 227면에 달해. 총 22첩으로 만들어, 병풍처럼 접을 수 있도록 했지. 누구나 가고자 하는 지역의 판본을 찾아 찍어 들고 다닐 수 있도록 한 거야. 지도는 10리 단위로 빗금을 그어 거리를 표시했고, 축적은 실물의 16만 분의 1 크기로 제작했어.

지리정보학에서 큰 획을 그은 지도로 평가받는 〈대동여지도〉는 1985년에 보물 제850호로 지정됐어.

조선시대 지리덕후, 김정호

조선 후기의 지도학자 김정호의 일생에 대해 알려진 건 거의 없어. 1804년 출생으로 추측하며, 호는 '고산자'야. 직접 지도를 제작했을 뿐만 아니라, 당대 만들어진 국내외의 자료를 취합하여 새로운 지도와 지도법을 만들기도 한 학자였어.

김정호가 1834년에 처음 만든 조선 전국지도인 〈청구도〉는 경위선표를 사용해 축척 비율을 일정하게 맞췄어. 이를 바탕으로 1867년에는 채

색 지도인 〈동여도〉를 만들었고, 이를 발전시켜 〈대동여지도〉를 목판본으로 완성했어.

그뿐 아니야. 김정호는 한양 지도인 〈수선전도〉, 세계 지도인 〈지구전후도〉 등 수많은 지도를 제작하고, 지도와 함께 볼 수 있는 지리지도 여럿 편찬해서 우리 땅에 대한 기록을 자세하게 남겼어.

지도 보급이 활발해진 조선 후기

김정호가 살았던 19세기에는 조선에 여러 변화가 있었어요. 신분 구분이 약해지기 시작했고, 농업 외에 상업이 크게 발달하면서 각 지역에서 순이의 아버지같이 물건을 팔러 다니는 보부상과 어멈같이 객주를 운영하는 상인들의 활동이 활발해졌어요. 상인들이 여러 지역을 오가며 교역을 하다 보니, 자연스럽게 지도가 활발하게 보급되기 시작했지요. 또한, 대외적으로는 서양이 조선에 무역을 하자고 요구하기 시작한 시기이기도 했어요. 이에 당시 권력을 잡았던 흥선대원군이 쇄국정책을 펼치면서 조선에 들어온 서양인들과 긴장감을 조성해서 군사 지도의 필요성이 강해졌지요. 김정호는 이러한 시대적 흐름을 반영하여, 〈대동여지도〉에 상인들이 많이 몰리는 한양을 아주 세세하게 표현하였고, 국방과 관련된 부분을 아주 정확하고 자세하게 표시했어요. 〈대동여지도〉에는 한양의 행정구역과 성곽, 주요 건물 등을 상세히 그린 지도인 〈도성도〉를 부록으로 별도 제작했어요. 〈도성도〉는 한양을 둘러싼 내사산 산줄기를 연결해 쌓은 성곽 안을 자세히 보여 주고 있어요. 국가 경영에 필요한 주요 건물이나 성 안 사정을 자세히 표현하고 있는 〈도성도〉는 조선시대 낱장으로도 인기 있는 지도였어요.

빅데이터를 찾았다!

<대동여지도> 속 빅데이터

조선의 시간과 지형을 품은 데이터

김정호가 직접 전국을 세 번 돌고, 백두산만 일곱 번을 오르며 지도를 만들었다는 이야기도 있지만, 사실이 아닐 가능성이 커. 그보다 『삼국사기』, 『고려사』부터 『신동국여지등람』, <해동여지도>, <팔도총도> 등 여러 책과 지도들을 참고해 지도를 편찬했을 거라는 추측이 훨씬 더 일리가 있어. 교통수단이 발달하지 않았던 당시로서는 전국 곳곳을 샅샅이 찾아다니는 건 평생을 걸쳐도 어려운 일이었으니까 말이야.

김정호는 관찬지도와 가장지도도 참고했어. 관찬지도란 나라에서 행정·군사 목적으로 편찬한 지도야. 가장지도란 각 지역 유력 집안에서 만든 지도로, 그들 소유의 임야나 농경지를 표시했는데, 매우 정확했어.

김정호는 그렇게 직접 얻은 데이터와 기존 데이터를 합쳐서 조선 전국 지도인 〈청구도〉를 처음 제작했어. 완성 이후 10여 년에 걸쳐 세 번이나 수정할 정도로 지도에 대해 끊임없이 연구했지. 김정호가 고민한 것은 '어떻게 하면 편리한 지도를 만들 수 있을까.' 하는 것이었어.

데이터는 만든 사람 위주가 아닌, 사용자를 중심으로 만들어져야 하지.

김정호는 이 부분을 고민한 거야. 그리고 〈청구도〉를 한층 더 발전시켜서 〈대동여지도〉를 만들었어. 〈대동여지도〉는 〈청구도〉 이후 무려 27년이 지나서야 완성됐어.

기호로 간단해진 지도

김정호는 〈대동여지도〉를 누구나 쉽게 볼 수 있는 실용적인 지도로 만드는 데 중점을 두었어. 과거의 지도는 지명과 정보를 일일이 한자로 써 넣다 보니, 글이 많아서 한눈에 파악하기가 어려웠거든. 김정호는 〈대동여지도〉에 글은 줄이는 대신, 14개의 기호를 사용해 지도를 단순화했어. 능, 역, 산성 등의 명칭을 기호로 표시했고, 산은 독립된 산이 아닌 산맥(산줄기)으로 표시해서 산줄기의 굵기로 산의 크기와 높이를 짐작할 수 있도록 했어.

물길의 경우는, 배가 다닐 수 없는 물길은 단일곡선으로, 배가 다닐 수 있는 물길은 이중곡선으로 표시해서 사람들이 여행할 때, 걸을 곳과 배를 탈 곳을 고려해 계획을 짤 수 있도록 했지.

물길을 곡선으로 그렸다면, 도로는 직선으로 표현했어. 그리고 도로에는 실제 거리 10리마다 점을 찍어 두어, 거리를 가늠할 수 있도록 했어. 그리고, 기호에 대한 설명을 지도 앞장에 '지도표'로 만들어서 설명해 두었어.

지 도 표						
7) 목소	6) 창고	5) 역참	4) 진보	3) 성치	2) 읍치	1) 영아
牧 牧	■ 무성 ■ 유성	◐	■ 무성 ▢ 유성	◉ 산성 ⛰ 궐성	● 무성 ○ 유성	▢ 영재읍치즉무표

14) 도로	13) 고산성	12) 고진보	11) 고현	10) 방리	9) 능침	8) 봉수
1 2 3 4 5 리	⛰	▲ 유성	● ◉ 유성 ○ 구읍지유성	●	● 시봉능호서권내	⛰

<대동여지도>, 데이터의 가치

<대동여지도>는 여러 지방에 대한 다양한 정보를 넣어 두었기 때문에, 단순한 지도로서의 역할을 넘어 조선 당시의 생활상을 꼼꼼하게 알 수 있

는 훌륭한 정보지이기도 해. 인구와 면적 등이 조사된 통계자료까지 담고 있지. 특히 군사 지도로도 쓰일 만큼 군사와 관련된 기호가 많이 표시돼 있어.

김정호는 다방면의 지리 정보를 한 데 모아서, 이를 끊임없이 발전시켜 〈대동여지도〉를 완성했어. 그 덕분에 〈대동여지도〉의 정확도는 지금 봐도 감탄할 정도야.

1898년, 일본이 1년 간 조선을 샅샅이 뒤져가며 5만분의 1 지도 300장 정도를 만들었는데, 〈대동여지도〉와 큰 차이가 없어 놀랐다고 해. 우리나라로서는 뼈아픈 이야기이지만 1894년 청일전쟁과 1905년 러일전쟁, 그리고 이어진 일본의 조선 토지측량에도 〈대동여지도〉를 사용했을 정도로 그 정확도가 뛰어나.

김정호는 〈대동여지도〉에 다음과 같이 적고 있어.

"세상이 어지러우면 '이것'으로 적을 막는 걸 돕고 우악스럽거나 사나운 것을 도모하며, 시절이 화평하면 이것으로 나라를 잘 다스리고 백성을 다스릴지니, 모두 나의 이것으로 취함이 있을 것이다."

지금, 빅데이터는?

정확한 지리 정보를 한눈에

지도를 2D에서 3D로, 지리정보시스템(GIS)

예전에는 지도가 종이에 그려진 평면(2D) 형태였어. 그런데 IT기술이 발전하면서, 이제는 건물의 높이, 도로의 위치 같은 정보를 입체(3D)로 살릴 수 있어. 지리정보시스템(GIS) 덕분이지.

GIS는 지리 정보와 공간 정보를 모아서 수집하고, 저장하고, 분석해서, 보기 쉽게 보여주는 기술이야. 우리가 컴퓨터나 스마트폰에서 보는 디지털 영상 지도에 날씨, 도로, 건물, 식당 위치 같은 여러 정보가 나오는 것도 GIS 덕분이야. GIS는 한 장의 지도 위에 도로, 건물, 수도관, 행정구역 같은 다양한 정보를 겹겹이 겹쳐서 보여줄 수 있거든.

예를 들어, 기본 지형 지도 위에 도로 정보를 덧붙이고, 그 위에 다시 건물 정보를 덧붙이는 식이지. GIS는 도시 계획, 자연재해 관리, 환경 조사, 인구 통계, 교통 관리 등 여러 분야에서 사용돼.

우주에서 모은 빅데이터, GPS

GPS는 인공위성을 이용해 지구에 있는 사람이나 물건의 위치를 정확하게 찾아 주는 기술이야. 스마트폰 지도, 자동차 내비게이션, 배달 앱에

자주 사용되지. 처음에는 미국 국방부가 군사용으로 만들었지만, 지금은 일상생활에서 널리 쓰이고 있어. GPS는 지금 누구, 혹은 무언가가 어디에 있는지, 얼마나 이동했는지를 알려 주는 데 꼭 필요해.

GIS와 GPS는 함께 사용되기도 해. 예를 들어, 지진이나 홍수 같은 재해가 일어나면, GPS로 정확한 위치를 파악하고, 그 정보를 GIS 지도로 표현해서 상황을 더 잘 이해하고 빠르게 대처할 수 있어. 도시 교통 관리에서도 GPS로 차량의 위치를 모으고, GIS를 이용해 어디가 막히는지, 어떻게 우회할지 알려줘.

교과서 속 빅데이터 키워드

#목판 인쇄술 나무판에 글씨나 그림을 새긴 후, 잉크를 묻혀 종이에 찍어 내는 인쇄 기술이에요. 경주 불국사 석가탑에서 발견된 <무구정광대다라니경>은 세계에서 가장 오래된 목판 인쇄물이에요.

#인공위성 사람들이 만들어 쏘아 올린 비행 물체를 뜻해요. 위치, 날씨 등 다양한 정보를 알려 줘요.

제6장

『목민심서』, 올바른 행정의 기본 데이터

백성을 구하기 위해 시작한 인구조사

관아의 문을 두드리는 아이

칠석이가 관청 대문 앞에 도착하자, 예상대로 포졸들이 경계의 눈초리를 보냈어요. 포졸들끼리 대놓고 이야기하는 소리가 칠석이 귀에도 들렸지요.

"저 녀석, 또 왔네. 새 부사 나리도 왔는데 거참 성가시게 하네."

"아비는 민란을 일으켜 도망자 신세가 되었는데, 부전자전이구만."

칠석이는 포졸들이 하는 이야기에 개의치 않고 그들 앞에 서서 말했어요.

"새 부사 나리를 만나게 해 주세요."

"어디서 감히! 너 새로 부임하신 부사 나리가 어떤 분인지 알고나 그래? 괜히 까불었다가 너희 아버지 꼴이 되니 좋은 말로 할 때 돌아가라."

포졸들이 앞을 가로막으며 호통 쳤지만, 칠석이는 아랑곳하지 않고 목소리를 높였어요.

"어차피, 지금 세금 때문에 굶어 죽을 판이에요. 굶어 죽나, 맞아 죽나 죠. 피죽도 못 먹고 죽을 거, 속 시원하게 할 말이나 하고 죽자고요. 저희 아버지 억울함도 풀고."

칠석이의 당찬 외침은 대문을 뚫고 관청 안에 있는 부사 나리의 귀에까지 들어갔어요.

1797년, 황해도 곡산으로 새로 온 부사는 왕의 총애를 받고 있지만, 사대부의 극심한 당쟁에 밀려 이곳에 내려온 나리라고 들었어요.

"거, 무슨 일로 아침부터 어린아이가 관청으로 찾아왔는가?"

부사가 칠석이의 외침을 듣고 물었어요. 칠석이는 잠시 주춤했지만, 부사 앞으로 가 무릎을 꿇고 얘기했어요.

"부사 나리, 억울합니다. 저희는 논 세 마지기밖에 없어서 겨우 입에 풀칠을 하고 있는데, 관아에서 열 마지기에 해당하는 군포(군역 대신에 납부한 베)를 거두려 했습니다. 이를 저희 아버지가 관아에 항의했다가, 전 부사 나리랑 포졸들에게 몰매를 맞았습니다. 저희 아버지의 억울함을 풀어 주십시오."

부사는 옆에 있는 아전을 향해 물었어요.

"이게 무슨 말인가?"

아전이 두꺼운 장부를 손에 들고 황급히 다가와 말했어요.

"이 아이는 양지마을 이계심의 아들로, 여기 침기부를 보시면 이계심은 논 열 마지기가 있는 게 맞습니다. 그에 맞는 세금 징수를 한 것인데, 이계심이 세금에 불만을 갖고 전에 계시던 부사 나리에게 행패를 부렸

습니다. 이에, 부사 나리께서 매우 치라고 명했더니, 아니, 이계심이 도리어 마을 사람들을 동원해 부사 나리를 해하려 하지 않았겠습니까. 그 와중에 이계심은 도망을 쳤고, 지금 수배 중입니다. 이 어린놈이 뭣도 모르고 이런 소란을 떨고 있네요."

칠석이가 이에 크게 항의했어요.

"아닙니다. 저희는 양인으로 논 세 마지기에 닭 몇 마리가 전부입니다. 그런데도 관아에서 저희 재산을 부풀려 지난번보다 세금을 네 배가 넘게 내라고 하니, 저희 아버지는 억울함을 호소하려 찾아갔을 뿐입니다."

부사는 양쪽을 번갈아 보더니 말했어요.

"내 직접 눈으로 확인하마. 앞장서거라."

그러자, 아전은 당황하며 만류했어요.

"부사님이 어찌 몸소……. 저 맹랑한 녀석의 말에 속아 넘어가지 마시옵소서."

"아니다. 내 이곳으로 오기 전부터 이계심에 대한 이야기를 들었다. 곡산의 백성들이 이계심의 주동으로 부사를 잡아다가 매를 때렸다고 하던데, 이 아이의 주장은 그 반대라는 것 아니냐. 진위를 파악해 봐야겠구나. 일단, 세금을 제대로 부과했는지부터 살펴봐야겠다."

백성을 괴롭히는 열두 가지 재앙

부사가 행차를 준비하자, 칠석이는 재빠르게 앞장서 집으로 안내를 했고, 아전은 왜인지 벌벌 떨었어요. 칠석이는 집에 도착해서 부사와 아전들에게 직접 논 세 마지기와 닭장을 보여 주었어요. 이에 부사가 매서운 눈으로 아전을 향해 말했어요.

"자네가 고한 내용과 전혀 다르지 않느냐! 이 장부, 침기부를 조작한 것이냐!"

그제야 아전은 무릎을 꿇고 죄를 빌었어요.

"소인이 잘못 알았습니다. 오류가 있었던 것 같습니다."

"오류가 있었다면, 이계심이 항의했을 때 바로 잡아야 했을 터. 내 이계심의 사건도 다시 살펴볼 것이니, 이계심을 찾아 관아로 데리고 오라."

칠석이 아버지 이계심은 곡산 마을의 농민 대표예요. 전임 부사 시절, 관아에서 곡산 백성들에게 과도한 세금을 부과하자 농민의 대표로서, 마을 주민들을 이끌고 관아로 몰려가 부당한 세금 징수에 대해 강하게 항의했어요. 그러자 전임 부사가 이계심에게 형벌을 내리고 군사를 동원해 곤장을 치게 했어요.

마을 주민들이 힘을 합쳐 이를 막았고, 간신히 곤장을 면한 이계심은 혼란을 틈타 도주했어요. 그래서 지금 칠석이의 아버지, 이계심은 수배령이 떨어진 상태예요.

이 사건은 궁궐에까지 알려졌고, 전임 부사는 조정에 이계심과 농민들이 반란을 일으킨 것이라고 보고했어요. 이 사건으로 전임 부사는 파면당하고, 새 부사가 곡산으로 부임하게 되었지요. 새 부사는 임금으로부터 이 사건에 대해 조사하고 그 원인을 파악하라는 명을 받았어요.

그날 밤, 칠석이가 자리에 누우려고 하는데 밖에서 문을 두드리는 소리가 들렸어요.

똑똑똑. 똑똑. 세 번 두드리고 쉬고 두 번 두드리는 소리. 칠석이와 아버지의 암호였어요. 칠석이는 주위를 살피고, 조용히 문을 열었어요. 역시 아버지가 서 있었어요.

"칠석아, 새로 부임한 부사 나리가 나를 찾는다며?"

"네, 아버지. 이번에 부임한 부사 나리는 이전 부사들과는 좀 다른 것 같아요. 직접 우리 집에 와서 살피고는 침기부를 고치고, 잘못 적힌 부분에 대해 아전에게 크게 호통을 치셨어요."

"그래, 하지만 여전히 내가 직접 관아에 들어가는 것은 위험한 것 같구나. 그러니, 네가 이걸 부사 나리에게 전해 주면 좋겠다."

아버지는 칠석이에게 편지 하나를 쥐어 주었어요. 편지 겉면에는 '백성을 괴롭히는 열두 가지 재앙'이라고 적혀 있었어요.

"네, 아버지. 내일 날이 밝는 대로 부사 나리에게 전할게요. 부디 몸조심 하세요. 관아에서 계속 아버지를 찾고 있어요."

"그래, 그러마. 새 부사가 소문대로 성품이 좋다면, 내 도주 생활도 곧 끝나리라 믿는다."

다음 날, 칠석이는 날이 밝는 대로 관아로 달려갔어요. 아버지의 편지를 가져왔다고 하니, 이번에는 포졸들이 막지 않고 바로 들여보내 주었어요.

"그래, 아버지가 내게 편지를 전달하라 했다고?"

"네, '백성을 괴롭히는 열두 가지 재앙'이라는 제목의 편지입니다."

"그래, 네가 직접 읽어 보아라."

칠석이는 아버지가 피눈물로 썼을 편지를 한 자 한 자 또박또박 읽었어요.

"죽은 자나 갓난아기까지도 모두 세금을 물리고, 한 사람이 세금을 못 이겨 도망치면 남은 사람들이 그 세금을 세 배, 네 배씩 물고 있습니다.

냄비며 숟가락이며 이불까지 가져가 온 가족이 눈물로 떨고 있습니다."

칠석이는 아버지가 쓴 장문의 편지를 한참 읽었어요. 칠석이가 편지를 다 읽자, 부사가 말했어요.

"땀 흘려 일하는 백성이 눈물까지 흘려서야 되겠느냐. 하지만 네 아비 말이 사실이라면, 이상하다. 이 침기부에 적힌 바에 따르면, 곡산은 인구가 줄어드는 바람에 세금이 적게 걷히고 있다. 그런데 오히려 백성들에게 세금을 과하게 징수하고 있다면 세금이 줄어드는 것이 이상하지 않은가?"

부사의 말에 아전이 땀을 삐질삐질 흘리며 어쩔 줄 몰라 했어요. 그때 칠석이가 조심스럽게 얘기했어요.

"나리, 혹시 제가 그 침기부를 잠깐 봐도 될까요?"

"무엄하게! 네까짓 게 감히 침기부를 본다니……!"

아전이 펄쩍 뛰는 것을 아랑곳하지 않고, 부사가 침기부를 칠석이에게 건넸어요.

"여기 있다. 혹시 네 집처럼 잘못된 곳이 있는 것 같으냐."

칠석이가 침기부를 몇 장 들춰보더니 말했어요.

"여기 이 대감님 댁에는 논 100마지기에 소 10마리, 노비가 20명쯤 되는데 여기 장부에는 논 50마지기에 소 5마리, 노비가 10명이라고 적혀 있습니다."

칠석의 말에 먼저 반응한 것은 아전이었어요.

"아니, 어느 안전에서 거짓을 고하느냐. 내 똑똑히 보고 기록한 것인데."

"저희 큰형님이 이 대감님 댁에서 소작인으로 일하고 있어서 잘 압니다. 확실합니다."

둘의 대화를 들은 부사는 의미심장한 표정을 짓더니 말했어요.

"그것도 어제처럼 내 직접 확인해 보면 알 수 있을 것이다."

부사의 말이 떨어지자 아전이 바싹 엎드렸어요.

"아이고, 부사님, 자중해 주십시오. 죽을죄를 지었습니다. 다시는 안 그러겠습니다."

"흠, 그러니까 지주들에게는 재산을 적게 기록하여 세금을 줄여 주고 그 부족한 세금을 백성들에게 부과한 것이로구나. 과한 세금을 견디지 못한 백성들이 산으로 올라가 화전민이 되거나 양반집의 머슴이 되니, 결국 곡산의 백성이 줄어들고, 세금도 줄어든 것이렷다."

그러더니 부사는 아전을 향해 호통치듯 명령했어요.

"여봐라, 곡산의 가가호호를 직접 방문해서 새로 침기부를 만들라. 새로운 호구조사가 만에 하나 사실과 조금이라도 다르다면 너희들에게 죄를 엄중하게 묻겠다. 또한 조사 기간 동안 부족함 없이 여비를 지원하여 줄 터이니 민가에서 쌀 한 톨이라도 얻어먹었다가는 큰 벌을 받을 것이다."

그러고는 부사는 칠석을 향해 말했어요.

"네 아비에게 전하라. 이날 이후 네 아비는 무죄로 석방하니, 더 이상 도망 다닐 필요가 없다고 말이다. 관아에서 부정부패가 끊이지 않는 것은, 백성들이 당하는 고통을 용감하게 관에 항의하는 자가 없기 때문이다. 형벌이나 죽음을 두려워하지 않고 백성의 원통함을 널리 알리는 너희 아비와 같은 사람은 벌이 아니라 오히려 추대를 해줘야 한다."

부사의 말에 칠석이는 눈물을 흘리며 감사의 절을 올렸어요.

새로운 호구조사

곡산의 새로운 호구조사는 바로 진행됐어요. 아전들이 마을을 돌아다니면서 가가호호 방문해 직접 눈으로 확인하며 침기부를 작성했어요. 아전들이 적는 침기부는 이전과는 달라 보였어요.

"나리, 종횡표가 전보다 훨씬 많이 있네요."

칠석이가 호적을 작성하는 아전을 보고 물었어요.

"그래. 횡으로는 세대주의 이름을 쓰도록 되어 있고, 종으로는 신분, 가족 수, 직업, 군역 대상자, 집의 칸 수, 가축 수 등 무려 19개 항목이나 나열되어 있다. 이 한 장으로 각 가정의 모든 정보를 파악할 수 있지. 신임 부사가 손수 만들어서 작성하라고 명하신 게다."

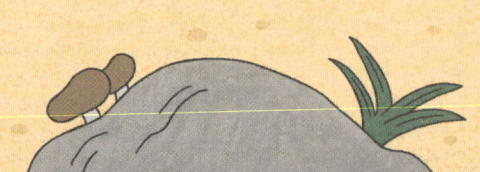

"이 한 장에 우리 마을에 대한 정보가 다 들어간 것이네요."

이제 자유의 몸이 된 칠석이의 아버지, 이계심이 옆에서 듣고 말했어요.

"정확한 호구조사를 바탕으로 세금이 매겨지니, 이제야 정당한 세금이 부과되겠구나. 이 호구조사는 백성을 생각하는 새 부사 나리의 참으로 귀한 마음이다. 곡산의 백성을 구해 주신 부사님을 길이 기억해라, 칠석아."

"네, 아버지."

칠석이는 아버지 손을 꼭 잡으며 속으로 부사님에게 감사의 인사를 했어요.

'감사합니다. 정약용 부사님.'

증인: 『목민심서』와 정약용

백성을 돌보고자 지은 책

관리의 행정지침서, 『목민심서』

정약용은 조선시대의 훌륭한 학자였어. 정약용은 생애 딱 한 번 공직 생활을 한 적이 있는데, 황해도 곡산이라는 고을에서 도호부사라는 벼슬을 맡았을 때였어. 약 1년 11개월 동안 고을의 수령으로 일하면서, 백성을 어떻게 잘 돌볼 수 있을까 깊이 고민했지.

조선시대에는 이런 고을의 수령을 '목민관'이라고 불렀어. '목민'은 '백성을 기르고 돌본다'라는 뜻이야. 정약용은 자신이 직접 목민관으로 일한 경험을 바탕으로, 57세부터 『목민심서』라는 책을 쓰기 시작해서 1818년에 완성했어.

『목민심서』는 관리(벼슬아치)가 백성을 위해 어떻게 바르게 일해야 하는지를 알려주는 책이야. 정약용은 목민관은 작은 고을을 다스리지만, 그 책임은 임금만큼 크다고 생각했어. 그런데 조선 후기에는 많은 관리들이 뇌물을 받고, 백성들을 괴롭히는 나쁜 일들을 많이 했어. 그래서 정약용은 『목민심서』에 관리들이 지켜야 할 올바른 마음가짐과 행동을 자세하게 적었어.

『목민심서』는 모두 48권 16책으로, 열두 개의 주제로 나뉘어 있어. 관리가 벼슬을 처음 맡을 때부터 그만둘 때까지 어떤 자세로 일해야 하는지를 담고 있지.

당시 수령들이 『목민심서』에 나온 내용만이라도 잘 지켰다면 조선 백성들이 그렇게 가난하고 힘들게 살지 않았을 거야. 오늘날에도 『목민심서』는 정치가와 리더들이 꼭 읽어야 할 책으로 꼽히고 있어.

조선 후기 대표 실학자, 정약용

정약용(1762~1836)은 조선 후기의 뛰어난 학자이자 과학자, 그리고 백성을 생각한 정치가야. 아주 어릴 때부터 글 읽기를 좋아하고 머리가 영

특했어. 네 살 때 천자문을 익히고, 열 살에는 지은 시를 모아 『삼미자집』이라는 시집을 낼 정도였지.

  정약용은 공자, 맹자 같은 유교 사상을 깊이 공부했을 뿐 아니라, 서양의 과학기술(서학)도 적극적으로 받아들였어. 과거시험을 준비하던 중, 실학자 이익이 쓴 『성호사설』을 읽고 큰 감동을 받아 실학 사상에 눈을 떴다고 해.

스물여덟 살에 과거에 합격해 벼슬길에 오른 정약용은, 조선의 임금 정조의 총애를 받아 여러 가지 중요한 일을 맡아 했어. 대표적으로, 유네스코 세계문화유산인 '수원 화성'의 설계와 건축에 참여했고, '거중기'라는 기계를 만들어 무거운 돌을 쉽게 들어 올릴 수 있도록 했어.

그런데 당시 조선은 당파 싸움이 심했어. 정약용은 남인 계열이었고, 반대파였던 노론은 그를 싫어했지. 게다가 정약용은 천주교와 관련되었다는 이유로 전라도 강진으로 유배를 가게 되었어. 무려 18년이나 유배지에서 지냈지.

정약용은 유배 기간에도 낙담하고만 있지 않았어. 오히려 그곳에서 500권이 넘는 책을 쓰며 학문에 몰두했어. 그중 가장 유명한 책이 바로 『목민심서』야.

또 정약용은 백성들이 굶지 않고 살아갈 수 있도록 토지 제도를 바꾸자는 개혁안을 만들었고, 양반의 특권을 줄이고 모든 백성이 함께 잘사는 사회를 꿈꿨어. 특히 정약용은 농업 중심의 실학을 발전시킨 대표적인 실학자이기도 해.

조선 후기, 백성들을 괴롭힌 삼정의 문란

정약용이 살던 조선 후기에는 부정부패가 심했어요. 특히, 관리들은 세금을 명목으로 백성들을 착취하며 자신의 욕심을 채웠지요. 조선시대에는 세 가지 세금 제도가 있어 '삼정'이라고 불렀어요. 땅에 매기는 세금인 전세, 군대에 가는 대신 옷감을 내는 군포, 곡식을 빌려주는 제도인 환곡이었죠. 관리들은 농사를 못 짓는 황무지에는 물론이고, 실제로 존재하지 않는 땅에도 세금을 물렸어요. 군포는 16에서 60세의 남성에게 거두는 세금인데, 관리들은 자신이 부담해야 할 군포까지 전부 백성들에게 떠넘겼어요. 심지어 갓난아이와 죽은 사람에게도 군포를 거둬 갔죠. 환곡은 보릿고개(가을에 추수한 곡식이 봄이 될 무렵 떨어져 백성들의 생활이 어려운 시기)에 정부에서 곡식을 빌려주고 가을에 추수하면 약간만 이자를 붙여 받는 제도였어요. 그런데 각 지방의 관청은 백성들에게 곡식을 빌려주고 높은 이자를 붙여 곡식을 더 많이 갚게 했어요. 이렇게 세 가지 세금 제도를 탐관오리들이 악용한 것을 '삼정의 문란'이라고 해요. 백성들은 이런 탐관오리를 피해 고향을 도망치듯 떠나 숨어 살거나 노비가 되었어요. 참지 못한 사람들은 '홍경래의 난', '임술 농민 봉기' 등과 같은 민란을 일으켰어요. 이야기 속 칠석이의 아버지, 이계심도 황해도 곡산의 농부로 과중한 세금을 견디다 못해 민란을 일으킨 사람이에요. 그런데 곡산에 새로 부임한 부사 정약용은 이계심의 사건을 검토한 후 무죄 판결을 내려 석방시키고 오히려 탐관오리에 맞선 행동을 높이 평가하며 아전으로 등용했어요. 정약용은 부정부패에 맞서는 백성의 용기와 정의로움을 높이 평가한 인물이었어요.

빅데이터를 찾았다!

『목민심서』 속 빅데이터

정약용의 침기부종횡표

정약용은 『목민심서』에서 나라를 제대로 운영하려면 정확한 인구조사, 즉 호적 조사가 가장 중요하다고 강조했어. 호적이 정확해야 세금도 공정하게 걷을 수 있고, 부정부패도 막을 수 있기 때문이지. 그런데 당시 관리들이 작성한 자료는 거짓이 많고 부정확했어. 그래서 정약용은 아전들에게 직접 집집마다 방문해 가족 수, 재산, 집의 형태(기와집인지 초가집인지), 논밭의 크기 등을 꼼꼼히 조사하게 했어. 이렇게 조사한 내용을 보기 쉽게 정리한 것이 바로 '침기부종횡표'야.

표의 가로 칸에는 세대주 이름을, 세로 칸에는 직업, 재산, 집 구조 등의 항목을 넣고, 만나는 칸에 해당 내용이나 숫자를 적었어. 이 표 덕분에

한 가정의 정보를 한 줄로 확인할 수 있었어. 또, 고을마다 한 장으로 만들어 정보를 한눈에 파악할 수 있도록 했지. 이를 바탕으로 세금과 군역을 공정하게 할당하고, 부정한 아전들을 처벌할 수 있었어. 정약용의 침기부 종횡표는 오늘날의 인구조사표와 아주 비슷한 모습이야. 그리고, 그 형태가 마치 현대의 엑셀 표와 같아.

거짓말을 하는 데이터?

정약용이 침기부를 만들기 전, 관료들이 만든 자료는 모두 거짓말을 하는 자료였어. 이것은 처음 자료(기초 데이터)를 수집하는 사람들이 중요하다는 것을 의미해. 정약용 역시 『목민심서』에서 거짓 보고를 하는 자를 찾아내는 것이 중요하다고 했어.

오늘날 빅데이터도, 처음 자료가 잘못되었다면 이는 거짓말을 하는 데이터가 돼. 예를 들어, 인종차별이나, 성차별이 담긴 내용을 바탕으로 빅데이터가 만들어지고 이를 AI가 활용한다면, 그 AI는 차별을 담은 지식을 내놓게 되는 거지. 빅데이터가 올바르게 사용되려면, 공정하고, 정확한 기초 데이터가 기반이 되어야 해.

『목민심서』, 데이터의 가치

『목민심서』는 단지 도덕적인 교훈서일 뿐 아니라, 18세기 조선의 지방 행정, 세금, 사회구조, 백성의 삶을 세밀하게 기록한 자료로서도 가치가 있어. 어떤 항목의 수치와 양적인 정보뿐 아니라, 백성의 태도, 관행, 부패 수법 등 질적인 정보도 담고 있지. 지방 관리들이 어떻게 백성을 대했는지, 백성들이 세금을 내거나 부역에 참여할 때 보인 태도, 마을마다 이어져 내려오는 생활 관습 같은 내용도 함께 담겨 있어.

또 관리들이 권력을 이용해 부정을 저지르는 구체적인 수법과 이를 막는 방법까지 적어 두었지. 그래서 『목민심서』는 단순한 행정 지침서가 아니라, 당시 사회의 풍속과 민심을 살펴볼 수 있는 귀중한 기록이 된 거야.

『목민심서』는 조선 후기의 시대상을 이해하는 데 매우 중요한 자료로 평가받고 있어. 『목민심서』가 편찬되었던 당시에도 큰 반응이 있었어. 확인된 필사본만 60여 종에 이를 정도라니, 수많은 사람들이 이 책을 마치 필독서처럼 구하고 베껴 돌려 읽었다는 증거라고 볼 수 있지.

지금, 빅데이터는?

다양하게 활용되는 인구 데이터

마케팅에 활용되는 인구 데이터

조선시대에는 인구 조사가 세금을 부과하거나 군 복무를 결정하는 데 쓰였어. 현대의 인구 데이터는 훨씬 더 다양하게 활용돼. 특히, 자본주의 시대의 요구를 반영해, 기업에서 물건을 팔거나 광고할 때 인구 데이터를 아주 중요하게 생각해. 예를 들어, 요즘 늘어나는 1인 가구를 위해 기업은 소형 가전제품이나 혼밥용 음식을 개발하고, 고령화 사회를 대비해 건강식품이나 노년층 맞춤 서비스를 확대하지.

현대의 인구 데이터는 사람들의 삶 전체를 이해하고 예측하는 도구야. 기업은 이를 통해 더 똑똑하게 마케팅하고, 소비자는 점점 더 개인 맞춤형 상품과 서비스를 누릴 수 있어.

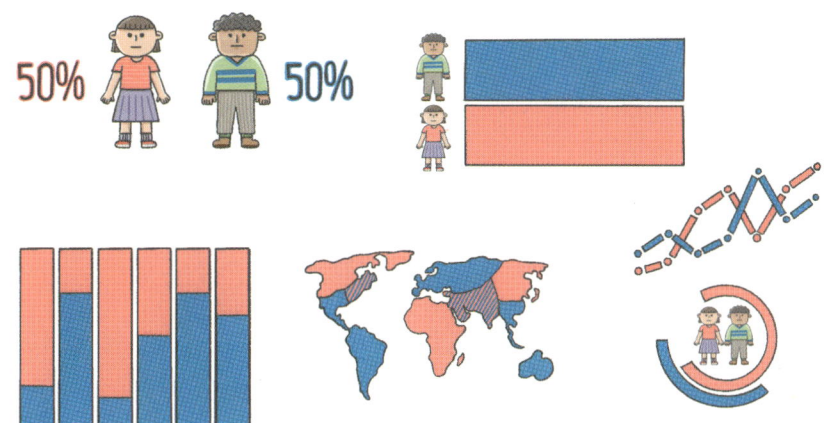

직접 묻지 않고도 가능한 데이터 수집

현대 사회는 데이터 수집을 위해 사람들에게 일일이 물어볼 필요가 없어. 예를 들어, 어느 지역의 심야버스 운행 여부를 결정할 때, 설문조사를 할 필요 없이 교통카드 사용 현황을 두고 판단할 수 있지. 버스 노선을 개편할 때는 교통카드 기록과 GPS 정보를 분석해 이용객이 적은 노선은 줄이고, 수요가 많은 시간대와 노선은 집중해서 강화할 수 있어.

CCTV의 데이터를 활용해 쓰레기통 위치를 조정하거나, 가로등 밝기를 자동으로 조절할 수도 있어. 위치기반 데이터로는 많은 사람이 모이는 장소에 공공화장실을 추가로 설치할 수도 있지.

정부도 다양한 데이터를 활용해 정책을 세워. 예를 들어, 병원 진료 기록과 약 처방 데이터는 전염병 확산을 예측하는 데 쓰이고, 주민등록 전입·전출 기록은 어느 지역에 사람이 늘고 줄었는지를 드러내니까 도시 계획에 활용되지. 또 자동차 등록 데이터는 교통 혼잡을 줄이는 대책을 세울 때 도움이 되고, 환경 센서와 미세먼지 측정 자료는 대기 질 관리 정책을 만드는 데 활용돼.

한편, 카드 회사들은 사람들이 어떤 요일에 외식을 많이 하는지, 어느 시간대에 쇼핑을 가장 많이 하는지, 온라인 쇼핑과 오프라인 쇼핑 비중이 어떤지, 마케팅에 필요한 데이터를 다양하게 갖고 있어. 또한 스마트폰 앱 사용 기록, 위치 정보 같은 데이터는 사람들의 생활 패턴 전체를 데이터로 저장해 분석하고 있지. 나도 모르게 데이터가 쌓이고 있는 거야.

교과서 속 빅데이터 키워드

#세계문화유산 전 세계 사람들이 함께 지켜야 할 소중한 문화재나 유적을 말해요. 예를 들어 불국사, 창덕궁, 수원 화성 같은 곳이 우리나라의 세계문화유산이에요.

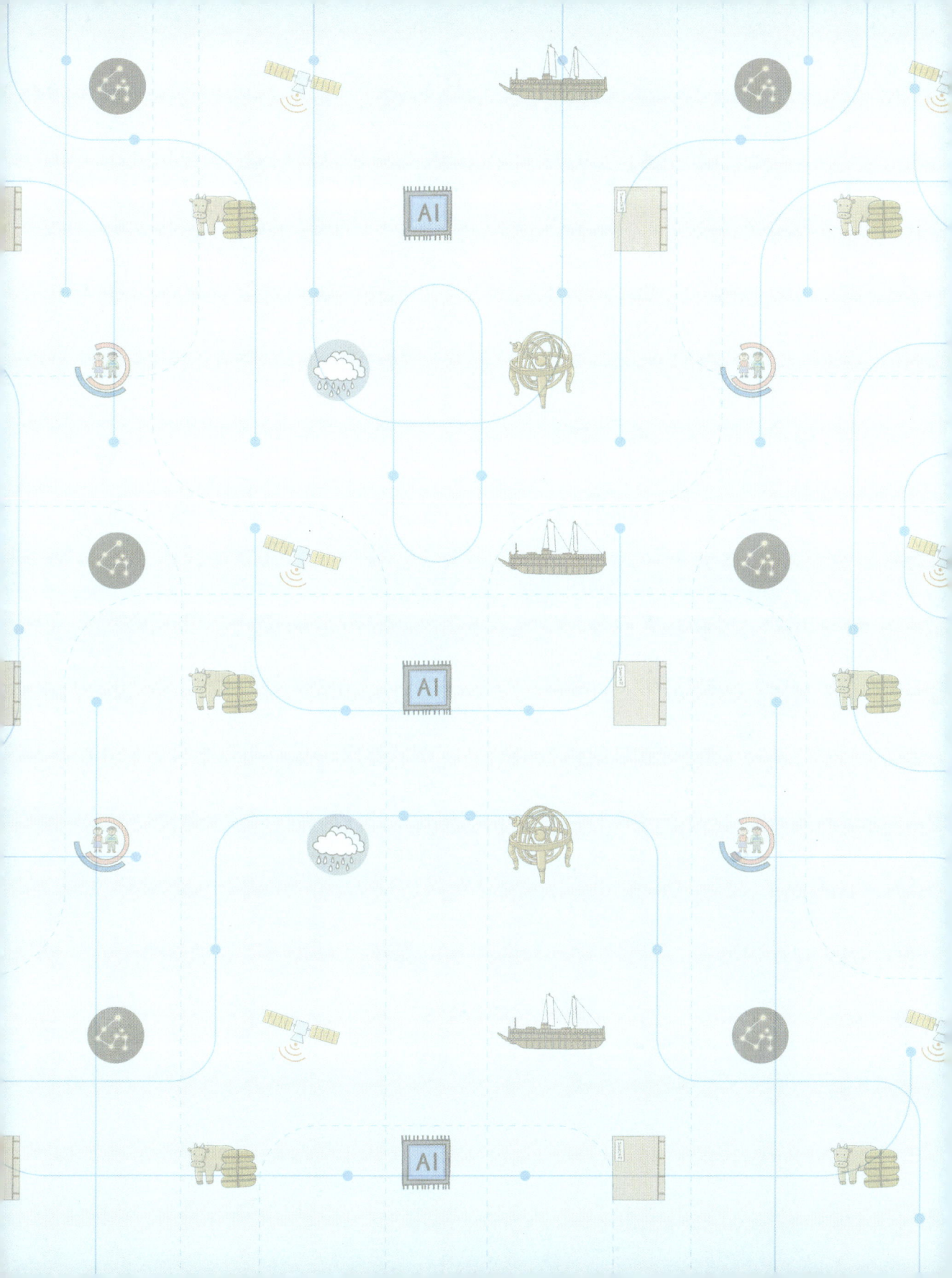

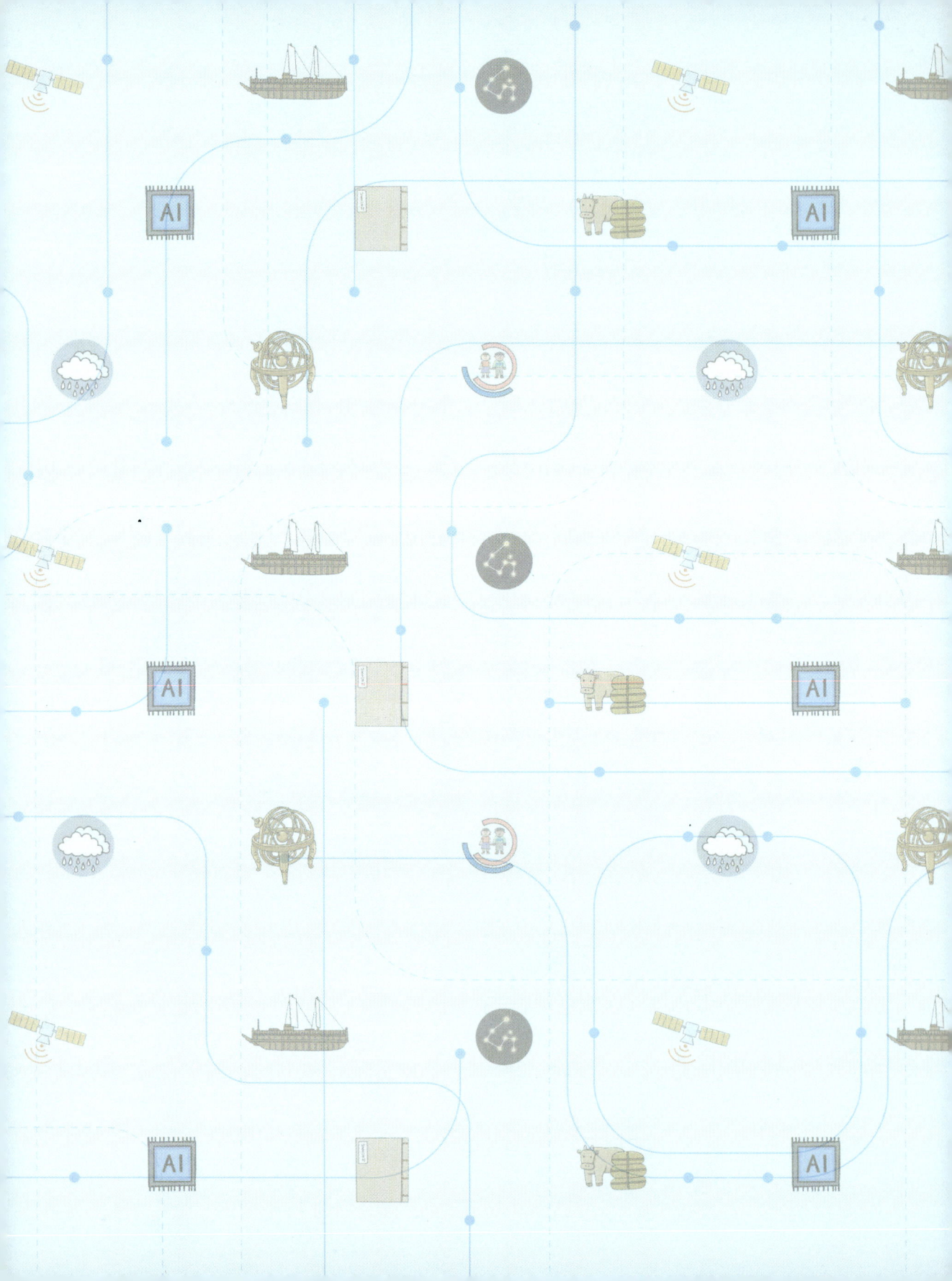